I skuggan av Apophis

Carl Oscar Andersson

© 2022 Carl Oscar Andersson

Illustration: Carl Oscar Andersson

Förlag: BoD – Books on Demand, Stockholm, Sverige
Tryck: BoD – Books on Demand, Norderstedt, Tyskland

ISBN: 978-91-8027-004-5

Innehållsförteckning

Tankar om det absurda

I.

Inget illustrerar det absurdas innebörd lika tydligt som den gamla myten om Sisyfos – kungen av Korinth, som enligt legenden dömdes till att försöka knuffa en tung sten uppför ett berg, endast för att uppleva hur samma sten rullade ner igen, gång på gång. Sisyfos *intention* – att rulla upp stenen för berget och därmed uppfylla sin målsättning – finner således ingen resonans i tillvaron. Men han fortsätter likväl, gång på gång, trots att företaget är dömt att misslyckas. Det absurda i Sisyfos handling består i att utfallet aldrig blir som denne avser, men att han ändå fortsätter, i enlighet med sin intention. De flesta skulle påstå att Sisyfos gärning är meningslös, eftersom den aldrig leder till något resultat – hans handling är ju allt annat än ändamålsenlig. Men en sådan uppfattning säger mer om vår egen tid och våra egna värderingar än vad den gör om antikens greker och deras världsuppfattning.

II.

Att ägna sig åt något som inte är praktiskt, *ändamålsenligt*, ja, överhuvudtaget åt sådant som inte ger tydliga resultat, döms enhälligt ut av samtiden (om vi tillåter oss ange en sådan abstrakt domare). Överallt i samtidskulturen råder en förhärskande pragmatism, inte som medvetet accepterad filosofisk strömning, utan som undermedvetet accepterad dogm. Att intressera sig för kunskapen och dess villkor som sådana, fördöms idag ut som något meningslöst – ytterst sett måste all kunskap leverera, omsättas praktiskt, ge mätbara resultat. Annars medför kunskapen ingen makt – och makt är det enda som räknas i den moderna världen. Kanske kan redan Francis Bacon beskyllas för att ha smutsat ned kunskapsbegreppet under tidigmodern tid, men det vore ett alltför enkelt sätt att se på saken. Kunskap som ett ideal värt i sig själv att sträva efter, var i hög utsträckning intakt långt in på 1900-talet, särskilt tack vare den tyska universitetskulturen, med dess fokus på klassisk lärdom. Det är först efter andra världskriget som den instrumentella, praktisk-vetenskapliga andan segrar fullständigt.

III.

Den franske författaren Albert Camus gör i sin bok *Myten om Sisyfos* flera intressanta iakttagelser av det icke-instrumentella/icke-ändamålsenliga i tillvaron. Även i dennes roman *Främlingen* erfar vi det absurda, förkroppsligat i karaktären Mersault, vars beteende och handlande är allt annat än ändamålsenligt i förhållande till de situationer han befinner sig i. På samma sätt som Sisyfos handlande inte är ändamålsenligt – han fortsätter sin ansträngning med stenen trots att den ständigt rullar ner – kommer Mersault inte att göra avkall på sin egen personlighet genom att bete sig på ett sätt som omgivningen förväntar sig. Hans absurda sätt att reagera på sin mors död ligger honom till last när tillvarons många tillfälligheter hopar sig emot honom. Under andra omständigheter hade hans beteende förmodligen förblivit en ren kuriositet, men mot bakgrund av den situation Mersault hamnar i – han blir åtalad för att ha mördat en arab – kommer hans underliggande, äkta personlighet, att ligga honom till last när en annan, mer oäkta personlighet, hade klarat sig undan genom att bete sig på ett sätt som omgivningen hade förväntat sig.

IV.

Exemplet visar på att det absurda uppstår i gränslandet mellan *beteende* och *förväntningar*, mellan *möjlighet* och *utfall*. Det absurda är närbesläktat med ironin, som också innehåller substans av det som är faktiskt respektive icke-faktiskt, mellan ärlighet och oärlighet. För att ytterligare spinna vidare på temat "bland-känslor", kan det *sublima* som kategori också anföras. Det sublima är det som ger upphov till skräckblandad förtjusning, alltså en blandning av rädsla och skönhet. De mest innerliga estetiska själarna i världshistorien har vetat med sig att göra bruk av det sublima i sina verk – stundtals med sådan finess att den yttre lockelsen varit total. Det är lätt att bortse från Richard Wagners politiska ideal när man lyssnar till hans sublima opera *Nibelungens ring*; Francisco Goyas målning *El tres de mayo de 1808 en Madrid*, som gestaltar en avrättning, har en liknande effekt. Den fascinerar, får oss att dröja kvar med blicken. Även Albrecht Dürer lyckas i flertalet av sina verk förmedla sublima känslor, liksom den tyske romantiske landskapsmålaren Caspar David Friedrich, inte minst i dennes verk *Der Mönch am Meer*. I målningen mediterar en munk vid kusten inför en mörk horisont, med ett oregerligt hav i förgrunden.

V.

Någon skulle kanske påstå att närapå allt som den mänskliga erfarenheten inrymmer hämtar näring ur likartade gränsländer. I det moderna samhället befinner vi oss alla ständigt mellan arbete och fritid, familj och arbetskamrater, mellan stress och lugn, hemmaliv och semestrar. Det aktiva livet avlöses av det passiva, det förutsägbara av det oförutsägbara, det meningsfulla av det meningslösa. Särskilt den sistnämnda motsatsen intresserar vi oss för i den föreliggande undersökningen. Det återstår att utreda huruvida motsatsen meningslöshet-meningsfullhet har någon faktisk betydelse för det absurdas innebörd.

VI.

Under en spårvagnsfärd för flera år sedan noterade jag en ung man som hade haft en stor töjning i sitt ena öra. Ett stort gapande hål gjorde sig gällande, som inbjöd mig till flera absurda tankar. Den minst absurda av dessa innebar att jag föreställde mig kasta en Läkerol-tablett genom hålet på ett sådant sätt att ingen annan på spårvagnen lade märke till det, allra minst den unge mannen själv. Jag vet inte varför jag tänkte på något så absurt – för visst var det en absurd tanke? Det skulle inte betyda något för mig, det hade inte gjort någon skillnad i min vardag och inte heller i hans. Om ingen lade märke till det, vad skulle då vara vitsen med själva ansträngningen? Att loda det absurdas dunkla domäner är svårt eftersom det inte domineras av de ändamålsenliga tankar som annars vägleder närapå alla våra göranden och låtanden. Det absurda har sina egna måttstockar.

VII.

Det kan hävdas att det absurda ofrånkomligen hänger samman med det dekadenta. Det som är dekadent står i motsats till vår naturliga förväntan om hur saker och ting vanligen utspelar sig – detta blir särskilt tydligt i förhållande till den naturliga ordningen i tillvaron, som tenderar mot en given riktning, men som via dekadensen leds mot en annan. Det förhåller sig likartat med det absurda: det uppstår genom våra icke-infriade förväntningar. Vanliga lexikala definitioner av det absurda likställer det med det som är icke-logiskt, olämpligt och irrationellt. På det följer att det absurda ligger utanför rationalitetens domäner – och i samma utsträckning, faller inom romantikens nejder. Med romantiken, som i sig var en irrationell tankeriktning, uppstår också de första medvetna formerna av det absurda, även om Sisyfos-myten illustrerar en längre, förvisso outtalad och omedveten, begreppslig levnadsbana.

VIII.

Många i vår samtid saknar en fast tro på livets meningsfullhet. De flesta nöjer sig med plattityder som att "fånga dagen" och att "leva lyckligt". Andra finner en livsmening i det strikt biologiska – att skaffa familj och föröka sig. Ytterligare andra väljer att resa runt i världen i jakt på någon form av visdom och permanent sinnesfrid. Vissa är väldigt skickliga på att leva livet, medan andra kämpar med de mest basala ting. Över hela spektrat gapar emellertid samma underliggande tomhet – om inte ständigt så åtminstone periodvis. Det krävs inte mycket mer än en serie motgångar, i vissa fall en enda stor, för att rucka omkull på vår vardag. När vi tror att vi klurat ut de stora livsgåtorna, drabbas vi av massiva olyckor och svårigheter, som kastar oss ner mot marken. Absurdismen, förstådd som spretig, osammanhängande livshållning, är ett dugligt verktyg i sådana sammanhang. Genom att betrakta livserfarenheten som absurd kan vi lättare uppskatta de gånger som livet faktiskt utvecklar sig följdriktigt, *logiskt*; istället för att anta att allt med nödvändighet skall vara rationellt och ändamålsenligt, kan vi förhålla oss till en livsåskådning som snarare gör gällande att det rationella och irrationella kan samverka. Det ena behöver inte utesluta det andra – en absurdist kan uppskatta rationalism, men det innebär inte att denne ignorerar tillvarons absurda företeelser.

I slutändan får nog emellertid en absurdist svårt att förlika sig med tanken på att tillvaron som sådan skulle ruva på någon högre mening. Ingen kan veta något om den saken med absolut säkerhet, förstås – men absurdisten ställer en helt annan fråga, som är mer intressant: *vill vi verkligen veta*? Är det inte just själva kampen, den ständiga striden mot tillvarons grundläggande ovisshet, som utgör absurdistens yttersta livsmening – ja, dennes stora: *Varför*?

Noteringar om nationalpopulismens framväxt

Inledning

Det är alltid lättare att analysera ett fenomen från en högre utsiktspunkt, från ett perspektiv som både tiden och distansen skärper. Att erbjuda kunskap samt förståelse för våra handlingar i nuet, men också att fastställa återkommande lagar för dessa, har länge varit en uppgift för sociologin. Där står alltid människans roll i samhället i fokus, där hennes relation till sin sociala omgivning undersöks utifrån en individualistisk eller kollektivistisk utgångspunkt. Detta har gjorts och görs ständigt, ömsom med en värdeneutral prägel, ömsom med en mer dömande, moralistisk ton. Kanske har tillräckligt mycket tid förflutit för att bedöma populismens – eller snarare nationalpopulismens – ställning och historiska värde, särskilt numer när Donald Trumps seger i presidentvalet och Brexit känns som alltmer avlägsna företeelser.

Tidigare har begreppet populism framför allt använts som ett prefix för att beskriva massrörelser av olika schatteringar, vilka samlats kring en populär fråga av något slag, exempelvis rörande invandring, skattesatser eller EU-medlemskap. Vanligtvis förknippas populismen även med ett mer allmänt missnöje, vars udd alltid riktas mot etablissemanget. De som vill göra det enkelt för sig hävdar bestämt att den avgörande politiska striden i det 21:a århundradet står mellan ett internationalistiskt etablissemang och de nationella folken. Eliten mot folket, alltså! För all del, men *vem* definierar eliten – och *vem* definierar folket? Sådant tål att tänkas på. I sak är emellertid den uppställda dikotomin träffsäker. Globaliseringen har inneburit att nationernas separata eliter smält samman i en övergripande global elit, som numer bildar en sammanhängande intressegemenskap gentemot de enskilda nationernas olika folk. Det innebär konkret att eliternas intressen framhävs på bekostnad av folkens, med alla möjliga slags destruktiva följder. På vilket sätt märks dessa tendenser av i det nuvarande samhällsklimatet?

Tendenser i samtiden

I kölvattnet av Corona-pandemin har det blivit än tydligare att det finns en avgrund mellan folken och eliterna runtom i världen. Personer med olika sociala bakgrunder protesterar mot företeelser som vaccinationspass, vilka sägs urholka den personliga integriteten och ge makthavarna än mer inflytande. I vissa länder, som i Australien och Kanada, har det gått så långt att regeringen beordrat polis att kväsa demonstrationer med våld, samtidigt som mer "mjuka" medel används för att driva igenom maktens vilja, såsom frusna bankkonton och avsked från offentliga arbeten. Det tycks förhålla sig så att det i varje enskilt land, eller snarare, civilisatorisk sfär, såsom Västerlandet, inryms ett förhärskande narrativ, en diskurs, som tydliggör vad som får och inte får sägas (eller göras). De enskilda personer och grupper som inte accepterar narrativet, demoniseras och förfrämligas gentemot den övriga samhällsgemenskapen. Sådana åtgärder har bidragit till att skärpa den allmänna populistiska tendens som präglar alla stater i Västerlandet (och i hög utsträckning, även utanför). Sedan tidigare har kontroversiella politiska frågor som exempelvis mångkultur, invandring och vilken politisk roll som EU skall ha, agerat skiljelinje mellan de som företräder globaliseringens intressen och de som företräder den egna nationens intressen. Samma problemformuleringar har funnits i USA, där elitens krav på ökat inflytande till den federala staten gått hand i hand med skattereformer som underminerat medelklassens sociala, ekonomiska och politiska ställning. I populärkulturen förlöjligas Mellan-Amerika och dess invånare på alla möjliga vis – inte olikt på det manér som sker i Sverige, där Sverigedemokraternas väljare förlöjligas och utmålas i olika negativa stereotyper. Längs med den populistiska stridslinjen löper en annan motsättning som också bör nämnas: staden mot landet. Det finns alltså en socialekonomisk dimension i motsättningarna, eller för att göra det ännu tydligare: det föreligger en *klassdimension*, som har stor betydelse i konflikten. Klassaspekten sammanfaller med etniska, religiösa och kulturella faktorer, vilket gör det svårt att urskilja en enda avgörande faktor eller förklaring bakom den antagonism som den utbredande populismen i samhället utgör ett symptom på.

Nationalpopulismens huvudsakliga innehåll

Det är inte avsikten att här presentera en längre utläggning om populism-begreppets innebörd. Men det bör sägas att begreppet populism inte är särskilt självförklarande. Ordet har en spretig innebörd. Därför tänker jag avgränsa denna korta framställning med att i stället framhäva begreppet *nationalpopulism*, som bland annat samhällsforskarna Gino Germani, Roger Eatwell och Matthew Goodwin bidragit till att popularisera. I motsats till nazism och fascism är nationalpopulismen en mer allmänpolitisk strömning, som dock vilar på ett urval återkommande och sammanhållande punkter:

- Nationen
- Folket
- Eliten

Nationen

De som företräder nationalpopulismen – vilket bland annat Sverigedemokraterna kan anses göra – åberopar nationen som det avgörande sammanhang vari människan utverkar sin existens och finner sin mening. Nationen är något *konkret*: den är blod och jord, hav och vatten, berg och dalar; den är också en kulturplats, som inrymmer ett historiskt minne, som människorna inom samma nation samlat på sig genom tid och rum. Det historiska minnet har vuxit fram genom förfädernas delade erfarenheter och har fortsatt att prägla de efterkommande ända in i nutiden. Det finns enligt nationalpopulisterna ett egenvärde i att underhålla det historiska minnet och kontinuiteten, då samma minne utgjort ett meningsbärande sammanhang som gjort det möjligt för oss att utveckla det samhälle som vi önskar. Att bryta med vår historiska tradition och minne är som att bryta upp trädet med rötterna; det kan argumenteras för att trädet på kort sikt kan ge värde för diverse ändamål, men några nya grenar kommer inte att komma till skott, vilket innebär att trädet atrofierar och dör så småningom. Denna allegori över staternas och högkulturernas öden är inte ny, utan återkommer i olika format genom tid och rum, beroende på det unika sammanhanget. Nazisterna anlade en striktare biologisk dimension, när de kopplade den historiska och kulturella traditionen till rasen, som blev den avgörande nämnare som styrde statsorganisationens utveckling. Oavsett vilken faktor som bedöms utgöra nationens essens, är själva begreppet nation en sådan essens som varje nationalpopulistisk rörelse med nödvändighet kommer att ha en uppfattning om.

Folket

Föregående punkt uppehöll sig vid folket som betydelsefull essens inom nationalpopulismen. Vilka som utgör folket har också förändrats genom tid och rum. Nazisterna hade en tydlig uppfattning om att judarna inte tillhörde det tyska folket, medan bolsjevikerna gjorde tydligt att kulakerna var utsugare på den ryska samhällskroppen. För att folket som begreppslig storhet skall kunna användas för politiska ändamål, krävs det att nationalpopulisterna har en specifik uppfattning om vad samma begrepp egentligen innebär. Vissa håller medvetet fast vid en vag definition, exempelvis genom att uppställa dikotomin folk-elit. Frågan blir då vilka som faktiskt tillhör eliten och vilka som tillhör folket. Instinktivt kan många relatera till den dikotomin, trots att den är diffus. En lastbilschaufför som känner av ökade bensinpriser kommer sannolikt inte att känna sig som en del av eliten, medan en journalist på Södermalm som bara behöver ta cykeln till jobbet har lättare att relatera till eliten. Det finns också mer entydiga sätt att definiera motsättningen genom att peka ut eliten som de stora multinationella företagen, de världsomspännande bankerna och de rikaste enskilda entreprenörerna. Dessa befinner sig långtifrån de radikalaste elementen på både vänster- och högerkanten, som i sin relativa vanmakt gentemot samma elit, ofta väljer att förmedla sitt missnöje med primitiva uttrycksmedel, såsom våld.

Eliten

På samma sätt som den gamla klassmotsättningen mellan borgare och proletär varit flytande historiskt sett, har också elit-begreppet varit föränderligt. Det finns personer som tillhör eliten under en begränsad tid, tills de blir ersatta av andra. Den italienske sociologen Vilfredo Pareto menade att varje samhällsordning tenderar mot etablerandet av någon slags elit. Något helt igenom jämställt samhälle i alla avseenden har aldrig existerat och kommer aldrig att existera. Eliterna utgör en *konstant*. De flesta nationalpopulister ifrågasätter inte deras existens. Vad de istället kritiserar är folkets ökande maktlöshet vad gäller att byta ut dessa eliter när de blivit korrupta och deras egna intressen blivit för snäva. Ofta använder eliterna sig av materiella medel av olika slag för att påverka lagarnas utformning, samtidigt som de ogärna accepterar samhällsförändringar som i praktiken innebär att deras egen makt minskar. Eliterna har ett intresse av att bevara sin elitstatus, vilket är detsamma som status quo i den rådande situationen – nationalpopulisterna å sin sida har istället intresse av att förändra status quo. Eliternas och folkens intressen är alltså åtskilda och kan inte förlikas.

Avslutande reflektioner

Nationalpopulismens existens säkerställs så länge motsättningarna mellan folk och elit kvarstår. Måhända är det en omöjlighet i ett demokratiskt samhälle att förhindra framväxten av det slags eliter vi har kommit att vänja oss vid. Då bör också medvetenheten finnas om att motsättningarna på sikt riskerar att leda över till ett störtande av den demokratiska ordningen. Ett historiskt exempel, det mest illustrativa, utgör Julius Caesar och hans resa till maktens höjder i Rom, som i högsta grad innebar att han begagnade sig av populismens metoder – även om han också agerade i sitt eget och sin familjs intresse. Han tillhörde förvisso en av de ädlaste familjerna i Rom och hade föga gemensamt med plebejerna. Men han insåg att reformer av det romerska samhället kunde genomföras också i hans eget intresse. Genom att vinna folket för sin sak skulle Caesar öka sitt inflytande på den övriga elitens bekostnad. Att en tidigare medlem ur eliten begagnar sig av folket för att åstadkomma sina egna målsättningar, är något som är vanligt bland ledande nationalpopulister. Donald Trump utgör det kanske bästa samtida exemplet, men i Sverige har vi också haft egna exempel i form av Ian Wachtmeister, som tillsammans med Bert Karlsson etablerade Ny demokrati som ett populistiskt parti, om än med kortsiktig framgång. Så länge det finns en elit kommer det också att finnas medlemmar av samma elit som är beredda att använda sig av folket för att utöka sitt eget inflytande, på bekostnad av sin tidigare intressegemenskap. Detta utgör också en indikation på att nationalpopulismen som fenomen inte nödvändigtvis är en modern politisk företeelse – snarare är den en politisk konstant.

Trots att Donald Trump inte längre är president och de nationalpopulistiska rörelsernas framgångar i Västvärlden mattats av, finns det inget som tyder på att nationalpopulismen som sådan kommer att försvinna. Den fortsatt ökande invandringen till Europa, industrins och ekonomins omvandling, de ökade klassmotsättningarna, traditionens, religionens och kulturens sönderfall, utbredningen av den allmänna existentiellt betingade meningslösheten – alltsammans förstärker nationalpopulismens existensberättigande. Dess framtida riktning, är oklar – dess fortsatta framväxt, är säker. Den som vill förstå det 21:a århundradets avgörande politiska skiljelinjer, kan inte ignorera nationalpopulismen, samtidens viktigaste politiska fenomen.

Nationalism och nationalister

I.

Varje människa har en unik relation till sina egna ideal. Somliga har en tät förbindelse med dem – de vägleder vissa i alla deras göranden och låtanden. Andra ger idealen en mer undanskymd plats, i baksätet, som påminnelser om att det finns något bättre och mer upphöjt än de nesligheter som vanligen möter i vardaen. Ingen kan således svara på vad människan har för relation till idealen som sådana. Även om en stor frågeställning öppnar upp de största och kanske mest givande perspektiven, kan samma perspektivs sublima karaktär av storhet skrämma bort oss, när de hellre borde locka oss vidare i vårt sökande efter stabilitet och mening i tillvaron. Likväl är relationen människa-ideal väsentlig att begrunda, även om vi också bör vara medvetna om att vi aldrig på ett fullständigt sätt kan begripa den.

II.

Även en mer anspråkslös frågeställning fordrar *avgränsning*. I föreliggande utredning är min ansats att utreda nationalismens relation till de som säger sig representera dess ideal, nämligen nationalisterna. Det är en vanlig, tämligen impotent föreställning, att idealens vikt och värde alltid finner sin rättvisa representation hos människorna som säger sig representera dem. När idealen inte levererar genom människornas försorg, tenderar de att avfärdas i sin helhet. Detta är mycket intressant med tanke på att den moderna människan oftast är mer materialistiskt lagd och gärna offrar idealismen utifrån praktisk hänsyn. Men när det kommer till kritan är vi mer idealistiska än vad vi vill tro.

III.

Nationalism som ideal, som *ideologi*, har under århundraden svärtats ner genom diverse nationalisters beteenden. Tanken att framhäva en stark känsla för sitt eget land och att betona de positiva effekter som kommer med det, drunknar i jämförelse med den hets och kritik som uppstått genom nationalisters excesser. Det kanske bästa historiska exemplet utgör Hitler-tidens Tyskland. En sådan nationalistisk stat har ingen like i historien. Men genom förintelsen och förföljelsen av judarna diskrediterades dess nationalistiska ideologi fullständigt, enligt gängse uppfattning. Den mest extrema nationalism leder alltså fram till det mest extrema hat mot andra nationaliteter, tycks slutsatsen vara.

IV.

En sådan tolkning blir ytterst extrem mot bakgrund av att de flesta nationer inte har agerat som Hitler-Tyskland, vilket utgör ett extremt undantag i världshistorien. För knappt sjuttio år sedan firades den svenska nationaldagen med fullsatta läktare på

Stockholms stadion, med seriösa fanbärare och andaktsfullt sjungna patriotiska sånger. Världens nationer var generellt sett mer nationalistiska förr. Precis som de traditionella religiösa berättelserna har tappat i betydelse och relevans, har även de nationella narrativen gjort det. Men deras minskade betydelse skall heller inte misstas för att deras värde och samhälleliga betydelse har försvunnit.

V.

Är det så att vi med nödvändighet förmänskligar idealen och gör dem synonyma med oss själva? Det skulle förklara varför många är så avvisande mot ideal och traditioner, på en instinktiv men också på en intellektuell nivå. Vad är det som hindrar mig från att konvertera till katolik eller muslim? Spontant: insikten om hur katoliker och muslimer lever sina liv. Så tänker jag. På ett idémässigt plan finner jag såväl katolicism som islam intressant, men det intresset i sig vinner mig inte över. Det förhåller sig likadant med ideologier. Socialism, konservatism och liberalism, har alla idémässiga innehåll som kan vara givande i sig själva, men det blir av underordnad betydelse för de flesta, mot bakgrund av hur socialister, konservativa och liberala historiskt sett har agerat.

VI.

"Kommunismen som idé kan inte avfärdas, för den har aldrig fått sin chans i verkligheten". Så kan det låta från företrädare för etablerade vänsterpartier. Problemet är förstås att samma resonemang kan appliceras på vilken idé som helst; deras abstrakta karaktär omöjliggör varje fullständig implementering, en bortförklaring tycks alltid ligga nära till hands. Samma sak skulle teoretiskt sett kunna gälla nationalismen, vilken är en oerhört flertydig ideologi och långtifrån lika självförklarande som exempelvis fascism eller kommunism. Företrädare från vänster med kommunistisk lutning har dömt ut nationalismen som ideologi med hänvisning till dess extrema urartning i nationalsocialismen. Vidare lyfts ofta enskilda representanter fram på sociala medier som exempel på vad samma ideologi gör med människor, hur den korrumperar dem och förgiftar dem med hat. Finns det något som helst fog för sådana slutsatser?

VII.

Det går alltid att hitta empiri för den slutsats som man vill komma fram till – och det enda sättet att mäta en idés värde på, är att studera dess resonans i verkligheten. Samma tillvägagångssätt spelade ut sig när jag i min ungdom drogs till vissa former av nationalism. Den förste person jag mötte som representerade nationalismen visade sig vara en utomordentlig karaktär: redlig, stark, självsäker och ambitiös (listan på positiva egenskaper kan göras hur lång som helst). Jag drog därmed en annan slutsats, minst lika felaktig som andra gjort, fast på ett helt annat sätt: min bild av nationalismen *uppvärderades*. Detta innebar att min uppskattning för dess grundläggande ideologi förstärktes. Så småningom skulle min bild förändras till den grad att jag numer svär mig fri från både nationalismen som ideologi och från begreppet nationalist som individuell beteckning.

VIII.

De bästa företrädarna för nationalismen, förstådd i dess historiska och inte modernistiska tappning, är troligtvis de som saknar självmedvetenhet – eller förmätenhet – nog att betrakta sig själva som nationalister. Varje högburen idé kommer med nödvändighet att solkas ner av mänskligt agerande; den kristna läran, sprungen ur Jesus exempel och lidande, har lika ofta förknippats med inkvisition, hyckleri och korståg, som den förknippats med kärlek, omtanke och gemenskap. Nationalismen har stundom också representerats av personer som fått ett postumt erkännande: Simon Bolivar, Mahatma Gandhi, William Wallace – eller varför inte vår egen Gustav Vasa, även om dennes hjältegloria har dalat avsevärt under senare år. I ett modernt sammanhang, framförallt i en efterkrigsvärld, har det varit ytterst svårt att rehabilitera nationalismen som ideologi.

IX.

Det finns alltid en överhängande risk att vi tyngs ner av de ismer som vi identifierar oss med. Vi klarar inte av att leva upp till de krav som de höga idealen ställer på oss – tyngden av dem knäcker oss och vår oförmåga att bära dem bekräftas när vi på olika sätt perverterar deras innehåll. Det uppstår alltid en diskrepans mellan ideal och verklighet, ett mellanting, som utgör det enda möjliga resultatet av våra ansträngningar – oavsett vilken hög ambitionsnivå som ligger till grund för dem. När någon frågar mig om jag sympatiserar med nationalister, svarar jag nej; när någon frågar mig om jag finner nationalismen som ideologi sympatisk, svarar jag jakande – i viss utsträckning. Det finns inslag i nationalismen som är givande och i någon mån, tidlöst värdefulla. Men dessa inslag måste balanseras noggrant mot samtidens realiteter, för att utfallet skall bli bra. Världen ser ut som den gör. Vi kan påverka den i viss mån, men vi kan inte omforma den efter eget gottfinnande. Sammanfattningsvis kan det sägas att nationalismen har sina positiva sidor, men dessa tenderar att skymmas av de nationalister som inte klarar av att representera sin ideologi på ett sansat sätt.

Den hela människan: ett äreminne över Kim Petrusson

På förmiddagen den 30 januari 2018, förolyckades en av mina närmaste vänner, Kim Petrusson, i en arbetsplatsolycka i Hjällbo utanför Göteborg. Det har gått mer än fyra år sedan dess, men chocken har fortfarande inte lagt sig. Vi skrev eller pratade med varandra varje vecka och det har alltid varit en självklarhet att kunna få tag på min reflekterande vän i Kungsbacka – endera när man haft olika idéer att diskutera, endera när man önskat tipsa om olika tänkare och böcker att läsa in sig på – men också kring livet i största allmänhet. Vi kunde prata om allt.

Jag träffade Kim för första gången på ett evenemang i Stockholm, hösten 2011. Jag slogs redan då av hur redlig och sansad han var som person. Han hade förvisso starka övertygelser som han vågade stå upp för, men han var aldrig burdus, aldrig raljant och definitivt inte cynisk. Han trodde på ett människovärde, men ett värde som var rotat i tradition, andlighet och kultur. Kim var också en kunskapssökare, den största jag träffat i mitt liv och en bland få i min generation som jag skulle betrakta som likvärdig i det avseendet. Han var minst lika beläst som jag, vilket jag alltid funnit fascinerande då han samtidigt tränade som en spartansk elitsoldat och hade en familj med fru och två barn att ta hand om. Han pratade ofta med mig om vikten av att ha balans mellan kropp och själ, om att se det som en integrerad helhet, om att varken träning eller läsning är ett självändamål och att det alltid – alltid – är den *hela* människan som räknas. Jag har använt begreppet "den hela människan" i texter och böcker jag skrivit, men det har kanske ofta framstått som abstrakt. Kim var verkligen en hel människa för mig, ett levande ideal.

Min vänskap med Kim fördjupades under 2012, en tid som jag minns tillbaka på som en period av intellektuell utveckling och idérikedom i allmänhet – den kanske bästa i mitt liv. Vi brukade träffas i olika källarcaféer omkring Vasaplatsen i Göteborg och diskutera idéer, planer och projekt. Vid några tillfällen pratade vi om att skriva dialoger och sammanställa dem i ett bokprojekt. Denna tid, våren 2012 fram till hösten 2012, minns jag som oerhört intellektuellt stimulerande. Det var något bohemiskt över det, som att inget existerade utanför dessa härliga diskussioner. Kim präglade mig med sina idéer, tipsade om olika tänkare och traditioner jag borde kolla upp och reflektera kring. Vi lånade varandras böcker – vilket för mig var en stor sak, då böcker i princip är det enda materiella ting jag alltid varit rädd om och vårdat noggrant. Men Kim hade jag inga problem att låna ut till, jag visste att han älskade böcker och att läsa lika mycket som mig. Under åren 2012-2013 blev Kim den enskilt största impulsen i min skrivargärning. Kim själv var också mycket duktig på att skriva och han pratade med mig om olika bokprojekt han tänkte sig i framtiden. Kim är den enda person som fullt ut förstått min egen idégrund och jag vill i alla fall tro att jag är en av få som förstod hans fullt ut. Ett annat stort intryck som Kim gjorde på mig under dessa år, var när han hittade in i den ortodoxa traditionen, en kristen andlig riktning som jag själv alltid varit fascinerad av.

Några år senare, kanske 2015 eller 2016, minns jag att jag frågade Kim om hans karriär inom kampsport (Kim var thaiboxare och hade bott i Thailand 2006-2007) och hur han hade nått fram till sina starka övertygelser och utveckklat sin människosyn. Han berättade om hur han hade kommit till Thailand som en ganska genomsnittlig svensk ung man, inte särskilt historiskt medveten eller präglad av andliga traditioner. Genom sina erfarenheter av det thailändska samhället, dess familjestruktur, den historiska medvetenheten, inställningen till seder och traditioner, kunde han emellertid se sitt eget land i ett klarare ljus genom ett annat lands linser. Just denna sammantagna erfarenhet – att i utlandet skaffa sig referens till sitt eget land – kan jag själv verkligen förstå och relatera till. Det blir en väldigt omvälvande upplevelse.

Kim var en älskad vän som alltid tog sig tid för de han tyckte om. Ett för mig mycket kärt minne var när vi tillsammans reste till Stockholm 2015 och träffade goda vänner och likasinnade. Vi pratade in i det sista om att företa fler resor tillsammans. Överlag var Kim ett äventyrligt hjärta, som inte drog sig för att utmana sig själv. Som 30-åring påbörjade han GMU (grundläggande militär utbildning) som oftast betydligt yngre personer brukar genomföra, men han klarade av det ändå. Han skaffade jägarexamen. Han gick på överlevnadskurser. Några dagar innan sin bortgång pratade jag med honom om hans nyfunna intresse för Persien, vilket hade föranlett honom till att börja studera persiska. Han uttryckte för mig en önskan att vilja resa till Persepolis och gå i Sven Hedins fotspår. Han sprudlade av livskraft, hade många idéer för framtiden och var en stor källa till inspiration för alla omkring sig.

Den största anledningen till att jag betraktade Kim som en andebroder och ja, som en fadersgestalt, är att han fick mig själv att vilja bli en bättre människa – att bli *hel*. Det är många människor jag inte står ut med, som inte ger någon livsluft och som bara tar energi. Kim var aldrig sådan. Han inspirerade alltid och var en person som fick mig att rannsaka mig själv – aldrig för att han själv påpekade andras brister. Det räckte för honom att föregå med gott exempel. Det är kanske det häftigaste av allt och det som gör Kim unik för mig: han föll aldrig ner i cynism och avundsjuka, han förminskade inte andra för att kunna upphöja sig själv – vilket vi människor vanligtvis brukar göra. Nej, han upphöjde sig själv genom att vara sig själv, leva efter sina dygder och i alla lägen agera som en hel människa. Igen: för mig var han ett levande ideal. På ett mer jordnära plan var han en go göteborgare, en göte, som man kunde samspråka med och alltid ha härliga samtal med. När vi träffades skrattade vi ofta. Det finns så oerhört mycket att säga om Kim – orden räcker inte till.

Jag vill avsluta min åminnelse över Kim med att beskriva det sista tillfället vi sågs, fredagen 1/12 2017. Vi skulle ses över en middag på Gastropuben Flying Barrels inne i Göteborg. I vanlig ordning var jag där alldeles för tidigt, vilket jag brukar vara när jag skall träffa någon. Kim var några minuter sen, men det gjorde ingenting – jag var alltid tacksam när han kunde ta sig tid att träffa mig. Vi pratade om allt möjligt, som vi brukade göra – om kultur och geopolitik, om religion, vardagsproblem och om framtiden. Vi diskuterade uppstarten kring en POD-cast, där vi skulle bjuda in olika personer och ha djupa idédebatter. Någon gång under middagen tog jag tillfället i akt att fråga Kim något personligt. Jag berättade om min stressiga höst, om alla tankar som drog igenom mitt huvud, hur rörig jag var i min vardag, om depressionen jag led av som berodde på att jag inte hann med allt jag ville göra och om avsaknaden av en riktigt stabil inre grund. Jag frågade Kim: "Känner du att du har fått själslig frid genom din anslutning till den ortodoxa traditionen, alltså genom din tro?". Precis som Kim brukade göra funderade han alltid över sina ord innan han yttrade dem: "Ja, det har jag", och nickade långsamt. Just då tänkte jag inte på det något särskilt, mer än att jag fann det inspirerande, eftersom Kim hade funnit det jag själv alltid letat efter och fortfarande letar efter. Men nu i efterhand, mitt i all fruktansvärd sorg, i tragedin som uppstår när barn blir faderlösa och en hustru blir utan sin man, när föräldrar sörjer en förlorad son och vi andra förlorat en älskad vän, finner jag Kims svar till mig den fredagskvällen väldigt tröstande. Han hade funnit sin frid.

Efter middagen erbjöd sig Kim att skjutsa hem mig. Jag sa att det inte behövdes, men han insisterade på det eftersom han hade kommit fem minuter sent till middagen. Det är alla de här små detaljerna som i efterhand visar vilken hedersman han var i precis allt. Väl framme vid parkeringen utanför min bostad skakade vi hand och jag sa: "Alltid lika gött att ses Kim, vi hörs och ses snart igen!". Hade jag vetat att det skulle vara den sista gången vi sågs, hade jag sagt något bättre. Men jag visste då, liksom jag vet nu, att Kim hade funnit sin frid – och då framstår alla ord som triviala.

In memoriam
Kim Petrusson
Min älskade vän och förebild i allt

***

Ovanstående ord skrevs för över fyra år sedan, då min gode vän och stora förebild, Kim Christian Petrusson, rycktes bort från jordelivet i samband med en arbetsplatsolycka i Hjällbo, en förort i Göteborg. Sorgen och saknaden är alltjämt stor. Jag kan än idag inte riktigt greppa att han inte är i livet. Det känns fortfarande overkligt.

När jag sitter och skriver detta kvittrar sparvarna utanför mitt köksfönster och en stark majsol tränger igenom fönstret och bländar mina ögon. Våren är sedan länge här – en tid av glädje, förnyelse och framtidstro. Under det mörka vinterhalvåret längtar vi till denna tid, som automatiskt tycks höja vårt humör och göra oss mer pigga på livet. Det här är en tid när vi umgås med vänner och familj och hittar på saker under bar himmel; det är en tid när förälskade par går mysiga promenader och under långa stunder helt och hållet lyckas leva i nuet, utan att känna ångest för det förgångna eller oroa sig för framtiden; det är också en tid för vila och återhämtning, efter längre perioder av slit och arbete. Många ser fram emot att semestra i utlandet och upptäcka nya härliga platser, eller koppla av på redan bekanta platser. Andra håller sig hemma och njuter av våren och sommaren i hemmavid, kanske genom att campa eller vandra längs med vackra naturleder. Det är en riktigt salig, underbar tid, som skänker kraft och energi och som får oss att uppskatta tillvaron – en tid som gör oss tacksamma över att leva.

Kim var ingen undantagsmänniska i det avseendet. Han älskade denna tid precis som så många andra. Den erbjöd båt- och fiskeliv, liksom vandringar och vildmarksupplevelser. För en småbarns-far är det en rolig tid, eftersom den erbjuder många aktiviteter där fadern och barnen kan göra saker i gemenskap: bygga saker, fiska och pyssla. Att leva och verka i sällskap med andra, att upprätthålla gemenskap och traditioner, var något som Kim värderade högt. För honom var isolation något dåligt, ett asocialt beteende som leder fram till andra och mer allvarliga former av destruktivitet. Inte så att Kim för den sakens skull nedvärderade ensamhetens betydelse – det är i ensamhet som vi människor har möjlighet att ägna oss åt nödvändig introspektion och lära känna oss själva på ett djupare plan. Och det är förstås i ensamhet som vi läser och förkovrar oss i tidlös kunskap och gammal visdom.

Min första kontakt med Kim ägde rum 2010 över ett internetforum för samhällsfrågor och politik. Mitt första intryck, vilket förvisso var ett digitalt och dunkelt sådant, var att det rörde sig om en person som ofta hade ett eget unikt perspektiv på saker och ting. Det var inte idéerna som Kim intresserade sig för, eller de argument han förde fram som var unika, utan snarare det helhetsintryck som hans engagemang i frågorna gav upphov till. Jag skrev privata meddelanden till honom över internetforumet och vi började föra våra egna separata diskussioner, som jag än idag finner oerhört intressanta. Så småningom tornade bilden fram av en person som inte bara kunde argumentera för sin sak och som var beläst och kunnig, utan som också levde som han lärde. Trots att jag aldrig hade träffat honom utstrålade han ett patos, som var svårt att förklara. Kim hade *karisma* och *auctoritas* – det var allvar och eftertanke i närapå allt han skrev och jag fann hans tankar och personlighet oerhört inspirerande.

När jag träffade Kim i samband med ett evenemang i Stockholm 2011, nyanserades min bild av honom. Han framstod inte längre som en helt igenom allvarlig person, utan också som varm och godhjärtad, en göteborgare med en stor portion humor, dessutom jordnära. Jag kunde inte hitta några brister i hans personlighet, som var otroligt mångsidig. Vi lärde känna varandra också utanför det sammanhang som vårt samhällsengagemang hade utgjort. Kim gav många goda livsråd som jag fann givande och försökte ta till mig. Efter vårt möte i Stockholm behöll vi kontakten och skulle så göra fram till januari 2018.

Den värme och omtanke som Kim hyste gentemot sin familj och sina vänner och den vördnad och respekt han hyste för sin nation och dess traditioner, motsvarades av en energisk vilja att bekämpa sådant han ansåg vara orättvist, omänskligt och falskt. Villigheten att stå upp för det goda – det handlade för Kim om att *ta ställning* – vilket innebar att ta avstånd från sådant som han ansåg vara dåligt och destruktivt för människan. Att stå upp för familj, tradition och nation medför tyvärr också ofta att man drar åt sig hat och ilska från andra, något som Kim var väl införstådd med. Vikten av att våga ta ställning var något som Kim ofta pratade med mig om. Det var mycket viktigare än att förhålla sig kritiskt obunden till allt och ständigt bete sig ironiskt. Det är genom våra ställningstaganden som det uppkommer konflikter, men utan dessa ställningstaganden finns det inget som har betydelse, ingen mening. När Kim valde att vara tydlig med vilka åsikter han stod för, fick det konsekvenser – men det var också helt i sin ordning. Det innebar ju att åsikterna hade betydelse, att hans engagemang för samma åsikter var äkta och krävde verkliga uppoffringar. Kontrastera det mot alla dem som i vår samtid like-ar saker i flödet på sociala medier, utan att det kostar dem något överhuvudtaget. Att stå upp för allt och alla betyder i slutändan ingenting. Det är inget engagemang som ger upphov till vare sig högre värden eller djupare mening. Att ta ställning *för* något innebär att offra något – anseende, vänner, möjligheter. Det är många som inte vill kännas vid att det är på det sättet, men Kim hyste inga illusioner om att det förhöll sig så.

***

Livet är oss inte skyldiga någonting. Om vi önskar glädje, mening och gemenskap, måste vi själva aktivt sträva efter det. Vill vi vara tränade och leva sunt, måste vi själva se till att det blir så. Människor vill hela tiden hitta ursäkter för sina misslyckanden – och vi är verkligen kreativa när det kommer till detta – men i slutändan handlar det oftast om en avsaknad av *ansträngning*. Vi vet vad vi borde göra, inte sällan förstår vi fullt ut på ett tankemässigt plan exakt hur vi skall gå tillväga, men att faktiskt anstränga sig och ta sig igenom de slitsamma stunderna, det är det inte många som klarar av. Det gäller personer som vill bli rika, som vill lyckas med en särskild fysisk målsättning, som vill skapa något, ja, som vill *åstadkomma* något överhuvudtaget.

Om jag någonsin träffat en människa som alltid lagt in den nödvändiga ansträngningen bakom sina målsättningar, så är det Kim. Han letade aldrig efter ursäkter. I den mån han talade om brister så var det alltid hans egna han fokuserade på – och de var inte många. Han var en mycket unik människa på det sättet att han alltid strävade efter självförbättring, inte som en isolerad målsättning, utan som en bland flera delar i det meningsfulla sammanhang som var hans liv. Han arbetade hårt, tränade som en spartansk elitsoldat och läste frenetiskt, inte för att imponera på andra i sociala medier – utan för sin familj, sin kyrkas och sin egen skull. Han försökte leva efter sina ideal och manifestera dem genom handling. För honom hängde ideal och personlighet ihop – de kunde inte betraktas separerade från varandra. Den kristna trons skönhet och sanning som inspirerade och gav Kim och hans familj ett glädjefullt sammanhang, som skänkte gemenskap och riktning, representerade Kim genom sin egen personlighet och genom sitt eget agerande. Han levde i enlighet med traditionen. Han hycklade inte. Han levde som han lärde.

Det är detta som är så ovanligt i vår egen tid – att ta ställning, leva som man lär, bekämpa varje tillstymmelse till hyckleri och dubbelmoral i det egna jaget. För Kim fanns det bara en moral och den härleddes ur den kristna traditionen. Utifrån en sådan syn på världen blir det fullt logiskt varför man skall ta hand om sin kropp och själ på ett hälsosamt sätt, på samma sätt som man tar hand om sin familj, kyrka och nation. Inget har företrädesrätt framför något annat, utan allt hänger ihop i en helig helhet. Om någon del i denna heliga länk brister, hotas också helheten.

Trots att jag själv inte kände samma dragning till den kristna läran, blev jag nyfiken på att lära mig mer om den, tack vare Kim. Han strävade efter att låta kristendomen genomsyra hela sitt liv och ansträngde sig också för att utsträcka det som en livsprincip för sin familj. Detta inspirerade mig till att leva efter mina egna principer i görligaste mån och samtidigt inspirera andra till att få ordning på sina liv. Att sträva efter att vara en *hel* människa, att etablera en symmetri mellan tanke och handling, att uppfordra högre värden genom att låta dem genomsyra hela den egna personligheten – sådant inspirerade Kim mig till. För mig var han sinnebilden av den hela människan. Det var en ynnest att få ha honom som vän. Minnet av Kim skall jag vårda till mitt sista andetag.

Om maskulin idealism och manliga arketyper

De mest betydelsefulla stunderna i en människas liv är ofta de vi minns allra bäst. Bland alla våra erfarenheter och upplevelser, genom med- och motgångar, under soliga eller mulna dagar, mellan vår och vinter, är vårt behov av att sortera och kategorisera konstant; allt som vi erfar fordrar *gradering*, det vi upplever ställer krav på *rangordning* – ett krav som vi människor, i mer eller mindre utsträckning, ägnar oss åt att möta varje dag. Sagda rangordning kan variera mellan tid och rum – det som fick en viss gradering för tio år sedan, kan visa sig få en helt annan plats i vår värdehierarki bara något år senare, allt i enlighet med vår livserfarenhets ständiga utbredning.

För en tid sedan, under en av mina sedvanliga skogspromenader, mindes jag opåkallat en diskussion jag hade med en gammal vän på Café Berlin i centrala Göteborg för nio år sedan. Vi brukade ofta träffas där för att diskutera olika slags kulturella, historiska och politiska angelägenheter. Inledningsvis dominerade de politiska spörsmålen, men över tid vann de historiska frågorna ett allt större fokus. Den huvudsakliga anledningen till detta var att de politiska problem vi diskuterade tycktes peka mot historien som sådan. Det var i historien som det var möjligt att finna inspiration till lösningar för de olika slags problem vi diskuterade. Det till synes övergripande problem som vi initialt betraktade som ett i huvudsak politiskt problem, var frågan om det maskulinas betydelse i det moderna samhället. Vi kunde båda konstatera att avsaknaden av politisk handling i första hand utgör ett symptom på utebliven *manlig handling*. I mytologisk bemärkelse är detta något som bland annat Mircea Eliade, Joseph Campbell och den i våra dagar extremt omtalade tänkaren Jordan Peterson har identifierat som det feminina kaosets avancemang i den manliga ordningens frånvaro. För att uttrycka det mer banalt och för att förhindra eventuella missförstånd: ett samhälle som i större utsträckning domineras av feminina värden, kommer att se annorlunda ut i jämförelse med ett samhälle som domineras av maskulina värden. Detta konstaterande borde vara en allmän självklarhet, men i vår samtid kan det som tidigare i historien setts som en självklarhet, inte längre tas för givet.

De maskulina värdenas tillbakagång

Jag och min vän reflekterade över en av orsakerna till varför de maskulina värdena trängts undan till förmån för de feminina: våra samhälleliga institutioner präntar inte längre in manliga värderingar. Universiteten, statsförvaltningen, skolväsendet, ja, inte ens Försvarsmakten, den traditionellt och historiskt sett mest maskulina institutionen av dem alla, representerar inte längre uttryckligen det maskulina som ett ideal, något för männen att värna om och sträva efter. Värt att nämna i sammanhanget är också att de mindre och mer lokala institutionerna – eller *sammanhangen*, snarare – i allt mindre utsträckning representerar det maskulina. I takt med att föreningslivet och övriga mellanmänskliga sammanhang trängts undan i och med modernitetens medföljande atomisering, har även de mindre manliga sammanhangen följt efter i samma destruktiva spår. Det är inte längre lika vanligt att det finns exklusivt manliga sällskap, där yngre pojkar, genom att erfara olika slags formella eller informella riter, genomgår den slags omvandling som skiftet från pojk till man traditionellt sett har inneburit. I traditionella samhällen innebar detta att pojken utsattes för någon form av disciplinerande och på samma gång ödmjukgörande upplevelse, som symboliserade dennes ingång i vuxenlivet och som samtidigt dödförklarade den tidigare existensen som barn/ungdom. Ett konkret och relativt sentida exempel i denna bemärkelse, utgjordes av värnplikten. Genom att mönstra, genomgå värnpliktsutbildning och lära sig vikten av disciplin, lydnad och ordning, mejslades en karaktär fram som var anpassad för vuxenlivet. Ett mer trivialt exempel, som kanske inte har en lika tydlig betydelse för initieringen från barn till vuxen, utgjordes av konfirmationen, som åtminstone utifrån ett kristet perspektiv innebar att barnet i egenskap av oskuldsfull och tidigare doptagare, bekräftade sin tillhörighet till kyrkan. Idag är det inte många som konfirmerar sig och de som gör det har ofta andra syften i åtanke – exempelvis att släkten skall skämma bort deme med pengar och presenter. Värnplikten avskaffades i Sverige 2010 och även om den återinfördes relativt nyligen, har Försvarsmakten som institution inte samma betydelse för männens fostran som förr. De flesta svenska män gör vad som helst för att slippa värnplikten idag, av många skäl. Oavsett vilka bevekelsegrunder som dessa män har för sitt avståndstagande, kan det konstateras att resultatet av detta har blivit ännu en fallerande institution som tidigare bidrog till att fostra männen till att bli just vad de egentligen är, eller borde vara: *män*.

Det är lätt att bli raljant över vår tids avsaknad av maskulina ideal och manliga förebilder. En unisont driven propagandamaskin har i närapå ett sekel inpräntat i oss föreställningen att det inte existerar något explicit manligt eller kvinnligt, vilket har bidragit till stor förvirring. Det är ingen som förnekar att det finns mer eller mindre manliga män, mer eller mindre kvinnliga kvinnor. Det spektrum som könsidentifikationens rörelser omfattar, medför ingen absolut polaritet utan är tillräckligt omfattande för att ge svängrum åt en rad olika positioner. Det som är anmärkningsvärt i vår samtid är att det som är kvinnligt ensidigt lovordas, medan det som är maskulint ensidigt förkastas – åtminstone i det offentliga samtalet. Det anses numer vara särskilt viktigt att uppfostra sina söner att inte bete sig chauvinistiskt eller nedlåtande gentemot kvinnor, men i motsvarande utsträckning betonas det knappast hur viktigt det är att männen uppmuntras och ges uppskattning av kvinnorna. Vår samtida kultur har i det här avseendet blivit ytterst ensidig, i en utsträckning att den utan vidare överdrift kan anses vara feministisk i sin kärna. Feminismen kan vara livsbejakande om den bidrar till ett upphöjande av det kvinnliga i sig självt, om den bidrar till att värna det *essentiellt* kvinnliga – när den får en liknande betydelse som den idealiska maskuliniteten. Det är emellertid inte så som feminismen uppfattas idag. De mest synliga representanterna av dess ideal i samtiden, utgörs av en brölig och extrem minoritet, som väcker avsky hos de flesta – inte bara bland männen.

Den samtida feminismens extrema avarter är viktiga att uppfatta för att kunna förstå varför de manliga värdena har försvunnit från det offentliga rummet – åtminstone i en västerländsk kontext. I andra delar av världen värderas alltjämt det maskulina som sådant. Det som grekerna benämnde *thumos*, en specifikt manlig dygd, värderas av män och kvinnor från mer exotiska länder, samtidigt som varje tillstymmelse till *thumos* bland västerländska män, uppfattas som ett förstadium till nazism och folkmord. Hur blev det så här absurt? Somliga skulle säga att ovanstående resonemang utgör en halmdocka och att det inte alls förhåller sig så extremt. De största kritikerna till den ovan givna tankegången skulle troligen göra gällande att resonemanget utgör ett uttryck för desperation från en man som känner sig främmande inför de förändringar som moderniteten medfört och att sådana tankar inte bör tas på allvar. En sådan slutsats vore dock förhastad – särskilt när vi beaktar den nordiska historien. Om det finns en gemensam nämnare i de mellanmänskliga relationerna mellan män och kvinnor i Nordens historia, så är det den ömsesidiga respekten för båda könens essens och funktion. Historiskt sett har kvinnor i de nordiska samhällena varit mycket friare än deras motsvarigheter i exempelvis Asien, Mellanöstern eller Afrika. Det betyder inte att det inte har funnits lokala variationer även i dessa delar av världen där mer eller mindre fria män och kvinnor har samexisterat, men om vi tillåts generalisera – vilket är en nödvändighet för att framhäva en poäng utifrån såväl empiriska som rationella överväganden – så är förhållandena könen sinsemellan, åtminstone i de nordiska länderna, i det närmaste mönstergilla. Att beklaga de maskulina värdenas tillbakagång är inte samma sak som att vilja kedja fast kvinnorna vid spisen – att inbilla sig något så enfaldigt är direkt cyniskt och oseriöst. Vad det snarare handlar om är att belysa ett direkt destruktivt inslag i vår kultur, som påverkar både män och kvinnor negativt.

Där det maskulina uppstår

Ett korollarium till slutsatsen om de maskulina värdenas reträtt, är att de tidigare alstrades och uppfordrades i specifika, avgränsade *sammanhang*. Den amerikanske tribalisten och tänkaren Jack Donovan, hävdar i sin kultklassiker *The Way of Men* att de manliga värdena framförallt uppstår och alstras i vårt umgänge med andra män, inom ramen för en manlig gemenskap av något slag. Konkret innebär det att uppfattningen om vår egen manlighet måste bekräftas av andra män. Donovan gör stor sak av att det är i umgänget med andra män som de manliga dygderna kommer till uttryck *naturligt*. I ett sådant manligt sammanhang vill vi bevisa vårt värde för våra närmaste och likasinnade. Vi vill att andra män skall uppfatta oss som starka och dugliga, samtidigt som vi – i alla fall på ett undermedvetet plan – också vill bli tillrättavisade när vi inte håller måttet. I en modern människas öron kan det tyckas låta märkligt, men faktum är att maskulina värden alltid har alstrats fram genom den typ av prövning och svåra kravställning som ett manligt sällskap och sammanhang erbjuder. Vi *vill* pröva oss mot andra män och vi *vill* vara så bra som vi kan i umgänget med våra närmaste.

En manlig gruppering, vars medlemmar dessutom är medvetna om sin egen betydelse som maskulint sammanhang, utgör ett effektivt motmedel till moderniteten och dess angrepp på det maskulina idealet. Även om andra samtida tänkare, däribland den kanadensiske psykologen Jordan Peterson, också har lyft fram betydelsen av att erkänna det essentiellt feminina respektive det essentiellt maskulina, så har Donovan ringat in den samtida problematiken på ett mycket mer djuplodat och historiskt plan. Denne har identifierat vad som historiskt sett har varit den kanske viktigaste och mest betydelsefulla sociala grupperingen i alla indo-europeiska samhällen genom tid och rum: *männerbundet*.

Som historisk gruppering har männerbundet haft stor betydelse. Den har utgjort den primära kollektiva handlingsformen och drivkraften bakom sociala och politiska förändringar i Europa, men har också, i andra former, fungerat som en kulturbevarande kraft, som syftat till att skapa, vårda och tradera äldre traditioner och visdomar till eftervärlden. Männerbundet har med andra ord haft olika karaktärer: dels som ett socialt, utåtriktat sällskap, dels som en esoterisk, inåtriktad grupp. Den sistnämnda formen av förbund ligger närmare den tyska beskrivningen *geheimbunde*, som emellertid också har männerbundet som rot vad gäller organisationsform. Oavsett vilken inriktning som männerbundet ifråga har, så tenderar det att vägledas av ett eller flera övergripande ideal, som gruppen kollektivt agerar utefter. Det innebär att ett männerbund inte är något så trivialt som ett dryckessällskap eller gymsällskap. Det är inte de yttre aktiviteterna som ligger till grund för att gruppen sammanstrålar, utan ett högre förenande ideal av något slag. Det är också en av poängerna som Donovan sluter sig till i *The Way of Men*: även om det finns karaktärsdrag hos män som vi uppfattar som mer eller mindre manliga hos enskilda personer, så kommer männerbundet, om det skall verka samhällsbevarande eller ordningsskapande, att behöva någon form av vägledande, uppbyggande ansats. Han sammanfattar denna tankegång med den suggestiva uppmaningen: *start the world*!

Vad innebär det att *starta världen*? I första hand handlar det om att betrakta tillvaron som en värld av *potentialitet*; den värld vi lever i är en värld av möjligheter, där det alltid finns utrymme för agens, vilket vi tenderar att glömma bort i en tid där idén om historiens slut har vunnit laga kraft och där de globala multinationella företagens ordning tycks vara allenarådande. För den enskilde kan nuläget uppfattas som tröstlöst, utan några som helst positiva utsikter. Negativiteten och pessimismen sprider sig som en löpeld i det offentliga landskapet och de enda reaktionerna vi sett hittills, tycks vara förtvivlan i olika former. Det är inte märkligt att tänkare som Jordan Peterson vinner inflytande för sin idé om betydelsen av att individen tar mer eget ansvar i en värld som saknar ansvarstagande som ideal överhuvudtaget – det känns som en konstruktiv väg bort från den globala ordningens elände. Å andra sidan hjälper det inte att tala enbart till den isolerade individen. Tusen upplysta individer, vare sig de är starka och dugliga i mental och fysisk mening, är fortfarande bara individer och deras inverkan på sakernas tillstånd blir därefter. En enskild person som påbörjat en uppbygglig ansats till något värdefullt kommer bara att nå fram till en viss punkt, innan det står klart att den enskilde inte har den kraft och förmåga som krävs för att prägla sin direkta omgivning och i förlängningen, samhället i sin helhet. Den enskilde behöver en *handlingsformation* av något slag för att kunna utvecklas vidare.

Maskulin idealism

En återkommande invändning som riktas mot skribenter och tänkare inom manosfären är att de bara uppehåller sig vid ytliga frågor. Bland de ämnen som återkommer är bland annat hur man bäst raggar upp kvinnor, hur man tränar för att bli stark och fysiskt attraktiv, eller hur man bäst går tillväga för att hålla liv i en relation eller ett äktenskap. Detta är förvisso saker som är viktiga – det är av avgörande betydelse att lära sig ta plats i världen på många olika sätt för att inte hamna efter eller bli isolerad. Oftast är det dock andra, mer svårdefinierade och abstrakta frågor som hindrar oss från att utveckla vår självkännedom och självrespekt. En sådan fråga är: vad är meningen med livet? En annan är: vilka högre värden finns det som kan vägleda mig i tillvaron?

Detta är på inget sätt enkelt att lista ut. Vilken jöns som helst kan kläcka ur sig att den övergripande meningen med livet är att ha kul, eller att de högre värden som vi bör sträva efter enbart är kopplade till vår biologiska natur. Sådana påståenden är oseriösa och inte särskilt eftertänksamma. Om livets mening bara hade handlat om att tillfredsställa vår biologiska natur, hade inga pyramider byggts, några katedraler hade aldrig upprests och varken Rembrandt eller Goethe hade bemödat sig med att måla eller skriva. Människan har en mystisk relation till tillvaron som ingen annan varelse har, vilket gör det nödvändigt för oss att hitta en djupare mening bortom vår biologiska överlevnad.

Kanske är denna mystiska relation särskilt viktig för männen. Den ansatsen gör Jack Donovan i sin senaste bok, *Fire in the Dark*. De som känner till Donovan sedan tidigare vet att han är ett kontroversiellt men uppskattat namn inom manosfären, främst tack vare sin kultklassiker *The Way of Men* från 2012. I det verket presenterar Donovan sin uppfattning om vad det innebär att vara en man – i sin mest essentiella bemärkelse. Den mest slående slutsatsen i boken som Donovan kommer fram till, är att det finns en uppsättning tidlösa maskulina värden som historiskt sett alltid har värderats högt av andra män. Den som vill mäta sitt värde som man måste först och främst göra det i ett sammanhang där andra män ingår. "The Way of Men is the Way of the Gang", som Donovan slagkraftigt sammanfattar det.

I sina böcker *Becoming a Barbarian* och *A More Complete* Beast, utvecklar Donovan sin teoretiska ansats om det maskulinas essens. I den förstnämnda boken är temat hur män i grupp kan bära sig åt för att överleva i en modern ordning som bekämpar dem; i den sistnämnda är fokus på hur manlig kreativitet, livsglädje och individuellt skapande kan förhöja vår livsupplevelse. Vad dessa böcker emellertid saknar, liksom den tidigare nämnda *The Way of Men*, är en sammanhållen teori om mannens relation till det transcendenta – huruvida det finns en specifik form av manlig idealism och hur formen eller formerna för den i så fall kan se ut.

Donovan strävar i *Fire in the Dark* efter att ge ett svar på frågan huruvida det finns en specifikt manlig idealism som män över hela världen och i alla kulturer kan vägledas av och i så fall, hur en sådan idealism kan ges gestaltning. Han resonerar livfullt kring en form av andlighet/idealism som kan användas effektivt i praktiska göromål, en slags "spirituell teknologi".

Den manliga idealismen är alltså något som är tidlöst och som alltid har hängt ihop med manligheten som sådan.

Donovan refererar frekvent till det omfattande indo-europeiska arvet och dess olika myter och legender och betonar betydelsen dessa haft för vår civilisation. Han citerar utdrag ur Rigveda-skrifterna, Eddan och Gilgamesh-eposet. I dessa olika berättelser återfinns en gemensam tematik som knyter an till den manliga idealism som Donovan identifierar som en röd tråd i den indo-europeiska traditionen.

Myterna har således mycket värdefullt att lära oss, i detta är Donovan överens med bland annat Mircea Eliade och Joseph Campbell. Den främsta anledningen till att myterna har blivit uppskattade och överlevt i tusentals år, är för att de uttrycker sanningar som givit oss mening i tillvaron, vilket har bidragit till vår fysiska överlevnad (om vi inte uppfattar någon mening i tillvaron, har vår fysiska överlevnad ingen betydelse).

Manliga arketyper och personliga exempel

I de myter som Donovan räknar upp visar sig relationerna maskulin-ordning respektive feminin-kaos, vara återkommande. Det som i sammanhanget främst intresserar Donovan är det maskulina och dess förhållande till ordningen som sådan. För att en ordning skall kunna etableras och bestå över tid, krävs en förekomst av tre manliga arketyper, vilka återfinns på olika håll i den vidare indo-europeiska traditionen, här i engelsk språkdräkt:

-The Father
-The Striker
-The Lord of the Earth

Ett tydligt och illustrativt exempel gällande dessa arketyper återfinner Donovan i den fornnordiska traditionen, förkroppsligade av Oden, Tor och Frej. Oden, känd som allfadern, vakar över allt, han är den visaste av alla asar och är den som vägleder – en typisk patriark. Tor är å andra sidan försvararen, den som ställer sig i främsta ledet för att bekämpa det som hotar ordningen. Frej är fruktbarhetsguden, herren av världen, vars arketypiska betydelse innebär utbredning och återfödelse. Dessa exempel utgör enligt Donovan tidlösa arketyper för alla män att se upp till, vare sig de återfinns inom den fornnordiska, antika grekiska, romerska eller hinduiska traditionen.

I den moderna världen, där det maskulina angrips varhelst det uppträder någonstans, finns det många potentiella sätt att agera som man. Det är just de många möjligheterna som ställer till problem för oss. Eftersom vi har tillgång till mer information än någonsin tidigare, finns det också möjlighet att skaffa sig ett oräkneligt antal förebilder i teorin. Somliga män är mer teoretiskt-introspektivt lagda och kommer att försöka förbättra sin roll som man med intellektuella hjälpmedel, såsom att läsa böcker och lyssna till poddar. Det utesluter självfallet inte att samma män tränar, äter hälsosamt och skapar sig en egen familj och ett eget unikt sammanhang. Många män som kommit långt i sin personliga utveckling, lyckas dock ändå inte placera in sig själva i ett större sammanhang av något slag. De gör rätt i många avseenden – de visar att de inte accepterar modernitetens inneboende själlöshet – men tar inte med sig sitt instinktiva motstånd mot den nuvarande ordningen bortom den egna individualistiska vardagen.

I det sammanhanget är Donovans tre manliga arketyper ytterst värdefulla att begrunda. Genom att exempelvis fråga sig: är jag en Striker? Det vill säga – är jag någon som är bra på att försvara och underhålla, snarare än att grundlägga och skapa, då kanske jag också främst bör utveckla de färdigheterna så långt jag kan, istället för att ägna mig åt sådant som inte ligger min personlighet för. Om jag å andra sidan är en person som tycker om att ta initiativ, som naturligt tar på mig ledarrollen i olika sammanhang, som gärna tar ansvar för andra och som drivs av kreativa syften, ligger min personlighet nära The Father, alltså patriark-rollen. I tredje led, om jag föredrar att ägna mig åt livsbejakande bestyr, som breder ut livsutrymmet åt mina närmaste, ligger jag närmare Frej i min personlighet, alltså det världsligas härskare. Beroende på vilken arketyp som vi själva relaterar till, kan vi samtidigt hitta historiska och mytologiska förebilder som kan bidra till att vi utvecklar vår egen personlighet på ett gynnsamt sätt. Även om vi fullt ut aldrig kan uppfylla de olika arketyperna, så utgör de likväl en ledstjärna för oss, ett högt ideal, som vi aldrig kan realisera men som fungerar som en hävstång för oss i vår strävan efter upphöjdhet.

Det vore lätt att betrakta Donovans manliga arketyper som abstrakta idealtyper i Max Webers mening, om han inte samtidigt hade konkretiserat sin uppfattning om dessa genom att ange konkreta exempel på män som historiskt sett har personifierat dessa arketyper. Donovan menar att de olika arketyperna också kan samgå hos en och samma person, men att det är ytterst ovanligt. Han nämner emellertid en unik person som förkroppsligade alla tre arketyperna: George Washington, USA:s förste president.

Washington var en person som hade omfattande praktiska intressen. Han engagerade sig tidigt i skötseln av den lokala politiska administrationen i Virginia, innan han hängav sig åt den kontinentala politiken. Han var bland annat ivrig att lära sig allt om gårds- och djurskötsel. Som fjortonåring skrev han *Rules of Civility and Decent Behaviour In Company and Conversation*, en uppförandeskrift som antydde den unge mannens ambition att leva ett liv med värdighet. Just värdigheten var för Washington något oerhört viktigt, vilket Donovan också betonar. Han var bara en människa och gjorde misstag som alla andra, men han försökte alltid uppnå en nivå av självbehärskning så att ingen skulle kunna anklaga honom för att vara ovärdig. Washingtons ledarskap och karisma ledde honom dessutom fram till befälskap över den kontinentala armén, som han så småningom ledde till seger över den brittiska kolonialmakten. Washington räknas än idag som den främsta bland de amerikanska grundarfäderna. Han var en grundare, en krigare, men också en världslig fader, som skapade nya livsförutsättningar. Han fick aldrig några egna biologiska barn, men ingen kunde förneka hans faderlighet – en poäng som Donovan gör stor sak av. Donovan själv är homosexuell och har flera gånger sagt att han inte tänker skaffa egna barn, en omständighet som självfallet bidrar till hans upphöjande av Washington som historiskt exempel på en person som förkroppsligar de tre tidlösa manliga arketyperna.

Sammanfattning

Vi kan inte förstå den manliga idealismen om vi inte samtidigt förstår vår relation till de bestående och meningsbärande myter och berättelser som legat till grund för vår egen civilisation och dess utveckling. I sina tre manliga arketyper, som knyter an till den vidare indo-europeiska traditionen, lyckas Donovan med konststycket att ge ett verkningsfullt och inspirerande recept för den enskilde såväl som för männerbundet och civilisationen att sträva efter. Att försöka skapa, försvara och föreviga ett tillstånd eller ordning, är ett illustrativt sätt att förstå vår underliggande och ständigt pågående kamp i tillvaron. Om vi inte ständigt skapar finns det inget nytt att försvara; om vi inte försvarar det som är skapat, vittrar det långsamt sönder eller förstörs av andra – och då återstår inget att föreviga. Det är en mycket enkel och samtidigt givande tanke att ta till sig. Vi behöver exempelvis tak över huvudet för att överleva, men tar vi inte hand om lägenheten eller huset vi bor i, kommer vi förr eller senare att tvingas leva på gatan, med allt vad det innebär i form av hot och påfrestningar.

Donovans suggestiva boktitel, *Fire in the Dark* – som är en klassisk allegori för hur avgränsad ordning kan upprättas i ett oavgränsat flöde av kaos – illustrerar den manliga idealismens tredelade funktion och representation ännu tydligare. En eld behöver skapas för att lysa upp i mörkret, den behöver också underhållas för att inte slockna. Slutligen, om elden skall sprida ljus över en större mängd mörker, behöver den också expandera. En eld i mörkret har en konkret funktion, en given nytta, men har också en tydlig metaforisk koppling till den tidlösa och ständigt återkommande mänskliga föreställningen om motsatsen mellan ordning och kaos som det mest grundläggande narrativa verktyget för att begripliggöra de utmaningar som hotar vår existens i tillvaron.

Donovans verk ligger rätt i tiden. Andra samtida tänkare som Jordan Peterson betonar också vikten av att ta till sig och begrunda de äldre myterna och deras visdom. Det som är originellt i Donovans ansats är att han försöker sig på att härleda den maskulina idealismen till tre manliga arketyper som ständigt tycks återfinnas i myterna och att dessa arketyper har haft och fortsätter ha en betydelse för vår strävan att skapa och bevara ordning i vår tillvaro. De tre typerna, The Father, The Striker och The Lord of the Earth, är enligt mig genomtänkta och trovärdiga – i alla fall i en teoretisk utsträckning som förklarar den manliga idealismens kärna. Jag får intrycket av att Donovan har varit angelägen om att förklara dessa arketyper på ett sådant sätt att de inte kan härledas till en specifik etnisk grupp eller kultur; han nämner ofta i andra sammanhang att han i sin gärning som maskulin tänkare och tribalist riktar sina idéer till män överhuvudtaget.

Fire in the Dark är definitivt en läsvärd bok. Störst behållning av den får man efter att ha stiftat bekantskap med Donovans tidigare böcker, men en luttrad läsare som inte känner till honom eller hans tidigare verk, skulle sannolikt också ha stor behållning av boken. I ett vidare sammanhang, bortom själva manosfären, ingår boken i en övergripande trend där det indo-europeiska arvets rikedom och komplexitet kommer till allt större belysning. Det skall sägas att det är Donovans mest teoretiska bok, men de teman som han behandlar, inklusive de omfattande jämförelserna med olika myter och berättelser, är minst lika tillgängliga som när Jordan Peterson gör sina utläggningar i *12 Rules for Life* och *Beyond Order*, böcker som riktar sig till samma typ av läsare som Donovan gör. Sammanfattningsvis bör det sägas att *Fire in the Dark* är en högst relevant bok, som borde läsas av alla män som vill veta mer om den maskulina idealismens innebörd och de historiskt återkommande manliga arketyperna.

Männerbund: problem och möjligheter

Flera trender i samtiden gör sammantaget gällande att det sociala kapitalet i samhället minskar. Detta kapital kan sägas utgöra samhällets *lagrade tillit*. Om ett samhälle inte har tillräckligt med socialt kapital, går det förr eller senare under. Det innebär bland annat att medborgarnas förtroende för staten sjunker, att sociala koder inte upprätthålls på samma sätt som tidigare och att moralen luckras upp och ersätts av en uppsjö nya, konkurrerande moraliska system. Detta leder till att samhället i sin helhet fragmenteras, då nya intressegemenskaper bildas till följd därav, vilka strävar efter att fylla tomrummet. Dessa nya gemenskaper kan variera i storlek: somliga är stora, andra är små; vissa är öppna, andra är slutna. Deras ansatser och målsättningar är likaså spridda. De kan vara religiösa, politiska, opolitiska, socialt inriktade eller inte. Den gemensamma nämnaren är att de på något sätt *avgränsar* sig gentemot andra som står utanför den egna intressegemenskapen. Att ingå i en gemenskap med andra medför ofrånkomligen att man uppför en gräns mot någon annan. För att gemenskapen skall bestå krävs gemensamma värderingar, som i sin tur behöver härledas till ett gemensamt moraliskt fundament.

Varför behöver vi männerbunds?

En teoretisk förståelse för varför den här typen av grupper behövs är inte svår att skaffa sig, men att gå från teori till handling är – i närapå alla sammanhang – betydligt svårare. För att uppnå en målsättning behöver man motivera *varför* den är så eftersträvansvärd från första början. Vilket mervärde ger ett männerbund för de enskilda personer som utgör dess medlemmar? Det varierar självfallet beroende på vilken karaktär som den specifika sammanslutningen antar. Om det exempelvis handlar om ett renodlat arkeologiskt sällskap, så består värdet i att göra utflykter till intressanta historiska platser och lämningar tillsammans med likasinnade, en möjlighet som kanske annars inte infinner sig till vardags. Ett sådant sällskap vore dock ganska nischat och är förmodligen att anse som alltför snävt i sin ansats för att betraktas som ett männerbund. Om värdet å andra sidan består i att läsa och diskutera intressanta böcker i sällskap med likasinnade, infinner sig ofrånkomligen frågan om det snarare bara handlar om en simpel bok-klubb och inte ett männerbund. Mervärde kan också utvinnas om det handlar om ett sällskap som tränar eller kampsportar ihop – det är, precis som alla andra sällskapliga aktiviteter, mer värdefullt att göra ihop med personer som man vet delar ens grundläggande värderingar. Även vad gäller det sistnämnda exemplet måste vi dock fråga oss: varför skulle detta utgöra ett männerbund? Sett utifrån ett större perspektiv är det inte säkert att de personer som engagerar sig i en sådan grupp skulle vara intresserade av vare sig samhällsfrågor eller filosofiska funderingar. Den grundläggande frågan, som alla som på något sätt vill befatta sig med problematiken att bygga upp en dylik sammanslutning måste fråga sig, lyder: *varför är detta eftersträvansvärt för mig själv och för andra i min närhet?*

Oavsett hur frågan besvaras, står det klart att svaren också kommer att bestämma metoderna. Med det menar jag att målsättningen att exempelvis bygga upp ett kampsport-inriktat männerbund, ofrånkomligen kommer att stå i förbindelse till de medel som krävs för detta – exempelvis tillgång till fysiska lokaler, utrustning, instruktörer, med mera. På samma sätt förhåller det sig med ett vandringssällskap: för att ett sådant skall fungera krävs tillgång till vandringsleder, utrustning, tid, men också fysisk förmåga. Oavsett vilken karaktär som männerbundet antar, står det klart att det redan från första början behöver finnas ett tydligt *syfte* bakom dess aktiviteter, en vägledande idégrund, som kan hålla samman och rikta gruppens aktiviteter åt ett och samma håll. Detta syfte bör dock inte vara alltför snävt formulerat. Inom verksamhets- och affärsutveckling finns det flera teorier som gör gällande att varje slags organisation behöver en övergripande målbild eller vision som olika delmål kan kopplas till. På så sätt framstår de olika målsättningarna som logiska och organiskt ordnade under den övergripande visionens paraply. En övergripande målsättning som ger plats åt flera mindre delmål och strävanden, kommer fler att vilja följa. Om vi å andra sidan tänker oss att bygga ett männerbund vars enda målsättning är att förvärva mark tillsammans, finns det inget djupare band som kan hålla samman gruppen från att splittra när väl markförvärvet har genomförts. Syftet bör med andra ord vara tydligt formulerat i den bemärkelse att alla förstår värdet av gruppens underliggande målsättningar, men inte heller över-specifikt och alltför begränsat i meningen att det är underkastat en helt igenom materiell ambition.

Människor kommer oundvikligen att eftersträva mål som ligger i linje med deras värderingar och livserfarenheter. Det innebär att alla som på något sätt funderar över att engagera sig i ett befintligt männerbund, eller som går i tankarna på att starta ett nytt, ofrånkomligen bär med sig vissa förväntningar. Somliga ser kanske framför sig uppbyggandet av ett männerbund som ett livskall, som en möjlighet att realisera stora drömmar och idéer. Andra betraktar det kanske lite mer avspänt, som ett socialt sammanhang, som ibland kan nyttjas för att fly undan vardagens lunk och strat. Alla medlemmar i en sådan grupp kommer inte att vara lika drivna – så är det bara. Någon skulle kanske invända och säga att man har rätt att förvänta sig likvärdigt engagemang från alla enskilda medlemmar. I en mindre organisation vore det förvisso rimligt. Det är ju lättare att skapa sig en överblick över vilka personer som inte är så engagerade, än vad det är att skapa sig en motsvarande vy i en större organisation. Kanske är detta ett bra argument för varför ett männerbund behöver vara litet till sin karaktär. Oavsett, så är det orimligt att förvänta sig ett lika stort engagemang från samtliga medlemmar. För att utveckla resonemanget ytterligare kring detta, tänkte jag redogöra för några personliga erfarenheter inom ämnet.

Erfarenheter och lärdomar

Första gången jag involverade mig i en grupp som kan liknas vid ett männerbund, studerade jag fortfarande på universitetet. Det rörde sig om ett ytterst spretigt sällskap, som till merparten bestod av personer som jag själv inte varit tidigare bekant med. Någon enstaka kvinna fanns med i marginalen, vilket utgjorde något av en motsägelse i sammanhanget. Oavsett: gruppen bestod av en lös skara personer som samlats genom sina politiska värderingar. Vi utgjorde inget parti och inte heller någon formell organisation. Vi var en inofficiell gruppering, beståendes av personer som tyckte om att umgås med varandra, varken mer eller mindre. Så småningom växte tanken fram att vi borde organisera oss som en självhjälpsgrupp. Med detta avsåg vi att samla ihop till en självhjälpskassa för att kunna finansiellt bistå gruppens medlemmar när så behövdes. Varje medlem i kassan bidrog med 300 kronor varje månad, vilket på ett år blev ganska mycket pengar – vi var cirka femton medlemmar i gruppen. Ungefär en gång i månaden träffades vi i en lokal i Göteborg där vi arrangerade föreläsningar, fester och mer allmänna samkvämen. Att ha tillgång till lokalen kostade några tusenlappar i månaden, men nästan alla ansåg att det var värt pengarna. Vi hade ju därigenom en fysisk plattform som vi kunde använda för att umgås. Det dröjde emellertid inte länge innan det höjdes röster om att prioritera kassans medel annorlunda. Några tyckte att vi kunde lägga lokalkostnaden på mer konstruktiva ändamål och menade att pengarna tickade ut i tomma intet, månad efter månad. Jag kan villigt erkänna att jag själv sympatiserade med den här argumentationen när det begav sig. Det visade sig dock vara ett förödande beslut för gruppens sammanhållning. Istället för att träffas ett par gånger i månaden, blev det allt glesare tillfällen mellan träffarna och det blev även mycket svårare att organisera själva tillfällena. Vi kunde sällan enas om var någonstans vi skulle träffas eller vilka aktiviteter som vi skulle ägna oss åt. En efter en trädde kassans medlemmar ur. En vattendelare för kassan utgjorde ett beslut som fattades av medlemmarna gällande frågan att dela ut kassamedel till en person som inte ens var medlem i kassan, som råkat ut för en misshandel som var politiskt motiverad. Personen ifråga var alltså själv inte med i kassan, men somliga ansåg ändå att det var behjärtansvärt att hjälpa personen med kassans medel. Så här i efterhand är jag mycket kritisk till vårt beslut. Att vi skulle använda medel som var avsedda för gruppens egna medlemmar till personer som inte ens var med i kassan, var ett stort misstag, som urholkade förtroendet mellan gruppens medlemmar. Vissa var väldigt drivande i beslutet, medan andra faktiskt reserverade sig – det fanns alltså ingen enstämmighet kring beslutet. Någonstans därefter tappade jag själv min motivation att vara med i gruppen och jag lämnade den högst inofficiellt genom att sluta betala in min avgift till kassan.

En annan anledning till att mitt förtroende för kassan urholkades, var att det saknades en tydlig idégrund för gruppen. Där ingick kristna, nyhedningar och icke-andliga materialister; där fanns personer ur alla möjliga slags politiska grupperingar. Merparten av de personer som var med i gruppen var allmänt besvikna på det svenska samhället och eniga i sin allmänna negativitet och pessimism. Det var en reaktiv stämning som präglade merparten av gruppens medlemmar. Även om jag inte insåg det vid tiden, så kom jag ganska snabbt till insikt om att medlemskapet i gruppen faktiskt inte gav mig något, vare sig inspiration eller positiva erfarenheter. När vi träffades ojade vi oss mest över sakernas tillstånd och tävlade med varandra om att förkunna domedagsprofetior. Det var primärt ett dystert sällskap, fyllt med nattmänniskor, även om det också fanns några lysande undantag som gav hopp om livet. Det kunde vara väldigt uppsluppet, men under all ytlig glädje över att sammanstråla med likasinnade, fanns det flera gapande frågetecken. Hur skulle gruppen kunna hålla samman över tid när målbilden såg olika ut från medlem till medlem? Vissa ville vara frikostiga och bjuda in nya personer till gruppen på tämligen lösa grunder, medan andra ville vara mer selektiva. För egen del var jag vid denna tid välvilligt inställd till kristendomen och dess historiska betydelse för vårt lands nationella identitet. Många andra i gruppen hatade dock allt som kristendomen stod för och denna polemiska spänning ökade över tid. Idag, när jag närmat mig en mer hedniskt färgad världsåskådning, har jag svårt att relatera till den stelhet som präglade våra diskussioner kring dessa frågor. Att ge plats åt såväl kristendom som hedendom i sinnet, det kräver en stark personlighet, någon som har förmåga att tänka *skiktat*. Att inte urarta i dikotomt eller dualistiskt tänkande, det är en utmaning som många faller till korta inför. Hursomhelst – det fanns ingen gemensam idégrund eller världsåskådning i detta sällskap. Och det behövs måhända heller inte, om man med idégrund avser en gemensam och strikt hållen doktrin, som alla utan förbehåll måste bekänna sig till. Men det var inte vad jag sökte efter i vår grupp. Jag letade efter en sammanhållande idé, som kunde generera en begriplig, relevant och livsbejakande *värdehierarki*. Någon sådan utvecklades emellertid aldrig inom gruppen.

Några månader efter att jag lämnat kassan, kom jag för första gången i kontakt med den amerikanske tribalisten och tänkaren Jack Donovan. Han är mest känd som en excentrisk och kontroversiell figur från den amerikanska manosfären, som debuterade 2006 med en bok om manlighet och homosexualitet, *Androphilia*, där han argumenterar för att homosexuella män skulle kunna ha en särskilt viktig roll att spela för kulturens fortsatta utveckling. Han har sedermera tagit avstånd från sina idéer i boken, men det är påfallande hur dessa ståndpunkter alltjämt präglar hans senare böcker och artiklar. Hans mest berömda bok är *The Way of Men*, som blivit något av en kultklassiker, i varje fall inom manosfären. I denna bok argumenterar Donovan för att det manliga och maskulina behöver ett exklusivt sammanhang för att frodas och må bra, i form av det manliga gänget. Vem som är manlig kan endast andra män i grupp bedöma och ditt maskulina värde bestäms utifrån vad du faktiskt kan bidra med till gruppen eller *gänget* – exempelvis i form av mod, styrka, ära och mästerlighet. Om du inte klarar av att bära din egen vikt eller bidra med något till en sådan grupp, minskar ditt värde i andra mäns ögon. Boken blev en ögonöppnare för många män som på ett individuellt plan redan hade förstått vad som var fel med det moderna samhället, men som saknade handlingsvägar framåt. Genom att åberopa gängets återkomst i det moderna samhället, anslöt sig Donovan också implicit till den europeiska tradition där männerbundets historiska betydelse och roll varit oomtvistad. Man kan säga att Donovans tankar i *The Way Of Men* sammantaget utgör en slags vägkarta för vad självmedvetna och maskulina män bör göra med sina insikter. Det var i varje fall den slutsats jag själv kom fram till efter att ha läst boken. Frågan, eller snarare frågorna, jag ställde mig var följande: hur skapar man ett männerbund? Hur etablerar man en urvalsprocess för vilka som kan tillhöra det? I vilken ände skall man börja?

Vilken ansats ligger bakom?

Jag visste från början att min egen ansats inte var politisk, utan snarare artistisk och kulturell. Historia och kultur har alltid varit två områden som legat mig varmt om hjärtat, kanske främst för att de på ett så tydligt sätt hänger ihop med min självbild. För mig har det så länge jag kan minnas varit viktigt att fundera över min identitet. Redan när jag gick i mellanstadiet funderade jag över allvarliga frågor. Att med mina livserfarenheter som referens få vara med och bygga upp ett sammanhang och plattform som kan inspirera andra och som dessutom kan bidra till kulturell pånyttfödelse, det är något som inspirerar och driver mig. Att inspirera personer till att realisera sin underliggande potential och inte låta sig tryckas ner av tabun och uniforma påbud – det är en kamp jag gärna bidrar till. Med dessa insikter frågade jag mig själv: känner jag någon i min omgivning som har snarlika ansatser som mig själv? Under min levnad har jag träffat många politiska människor, som *reagerar* mer än vad de *agerar*. För mig var dessa personlighetstyper inte tänkbara kandidater för det sorts sällskap jag ville grunda – följaktligen gick dessa typer bort från urvalet. Efter en tids betänkande kom jag fram till att jag hade flera personer i min närhet som var kulturellt och historiskt intresserade och som jag dessutom visste skulle vara positiva till självförbättring, vilket ett sådant sällskap som jag ville skapa också var tänkt att bidra till. Följaktligen närmade jag mig dessa kontakter, en efter en. De var uteslutande positivt inställda. Vi började lite trevande med att ses över middagar, där vi diskuterade vilken individuell ansats som vi själva hade till konceptet och vilka aktiviteter som vi föreställde oss att medlemmarna i gruppen kunde ägna sig åt. Vi gjorde utflykter till olika fornlämningar och historiska platser, samt arrangerade middagar med intressanta diskussioner. Vi bestämde oss till en början för att fokusera på att bygga upp en tydlig gemenskap mellan gruppens första medlemmar och utifrån det, bjuda in enskilda personer över tid. Tanken var att det skulle finnas en slags stomme som sällskapet kunde växa utifrån, så att det inte splittrades i flera mindre fraktioner och lamslogs redan från början. Vi tog gemensamt fram en principförklaring och idéskrift, där vi angav vad vårt sällskap syftade till att åstadkomma. Samtliga accepterade idéskriften som vägledande för gruppens övergripande strävan. Vi hade lagt grunden till något som vi hoppades skulle bli meningsfullt för oss på ett djupare plan.

Var träffas gruppen?

Ett stort och återkommande problem för alla som aspirerar på att skapa ett mannaförbund, är vad man kan kalla *plats- och lokalfrågan*: var skall man träffas? De flesta grupper har inte tillgång till vare sig lokaler eller hus, utan behöver inför varje nytt mötestillfälle bestämma sig för var de skall ses någonstans. Detta medför osäkerhet och otydlighet, faktorer som ställer till det när man skall planera aktiviteter för gruppen. I en sådan situation blir det tydligt att vissa förväntar sig mer från gruppen än vad andra gör, vilket kan vara ganska nedslående. Om samma personer tar ansvar för att genomföra träffarna varje gång, kommer de förr eller senare att tröttna. Man kan vända på steken och hävda att de personer som blir besvikna över en sådan situation borde haft lägre förväntningar på gruppen från början – och så kan det förvisso vara. I slutändan handlar det om att ta reda på hur ambitionsnivån ser ut för de enskilda gruppmedlemmarna. För egen del tycker jag alltid att man skall sikta högt. Att ägna sig åt ett projekt halvdant intresserar inte mig. Oavsett ambitionsnivå kommer man inte ifrån det faktum att platsfrågan förmodligen är den enskilt viktigaste aspekten som behöver beaktas för att en dylik gruppering skall kunna växa och utvecklas i en organisk, stadig takt. På den insikten följer nästa fråga: *vilka alternativ finns det*?

Ett sätt att eventuellt lösa plats- och lokalfrågan på är att se över vilka befintliga mötesplattformar som skulle kunna utnyttjas för gruppens ändamål. Exempelvis kan man träffas på platser där syftet och sammanhanget egentligen är något annat men där man ändå har tillräckligt med utrymme för att sällskapa med gruppmedlemmarna. Det kanske finns en förening eller ett förbund i det geografiska närområdet som skulle kunna nyttjas för sådana ändamål. I det fallet tillkommer ingen lokalhyra men det kan tillkomma andra slags kostnader – exempelvis sociala, i form av att man tvingas "spela med" i det övriga sällskapets sammanhang. För att förtydliga: ingen är betjänt av att bete sig ohederligt eller oärligt. Samtidigt måste en pragmatik vara förhärskande i sammanhanget – att bygga upp ett sådant sammanhang görs inte utan att övervinna hinder. Våra ideal måste alltid samsas med en brysk verklighet. Den andra möjligheten att lösa platsfrågan på är att skapa egna plattformar – antingen i form av att hyra en befintlig lokal, eller att bygga upp ett eget möteshus. Att ha en naturlig, återkommande mötesplats för gruppen, är A och O. Samtidigt behöver man ta hänsyn till de kostnader som uppkommer med en sådan lokal och att den ekonomiska kapaciteten hos gruppens enskilda medlemmar självfallet varierar. Detta kan lösas genom att utforma en procent-baserad betalning av hyran, eller att alla betalar in samma nominella summa. Oavsett upplägg behöver gruppen vara eniga om den form som betalningarna bör anta. Vidare begrundan är nödvändig för att avgöra om en sådan lokal skall registreras i en ideell förenings namn, eller om den skall registreras i en privatpersons namn. Oavsett hur detta löses rent formellt, så är det i princip bara två vägar som står öppna för att skapa det fysiska rum som gruppen behöver: antingen genom att hyra en lokal, eller genom att köpa ett hus som förvaltas tillsammans av gruppens medlemmar.

Sammanfattning och slutsatser

Att sammanfatta premisserna för ett männerbund är vanskligt, då ett sådant kan se ut på många olika sätt. Skall vi ge oss på någon slags punktlista, så skulle den kunna se ut på följande vis:

- Att ett erkänt syfte och allmän åskådning för gruppen har antagits som kan vägleda den i dess göranden och låtanden
- Att medlemmarna inom gruppen tillåts utveckla sina personliga färdigheter inom ramen för samma syfte och åskådning
- Att det hos medlemmarna finns en någorlunda gemensam livstro och värdehierarki, så att gruppen inte riskerar splittring i frågor av avgörande betydelse
- Att medlemmarnas engagemang inte varierar alltför mycket i intensitetsgrad, särskilt inte i en mindre grupp, som kräver mer engagemang av de enskilda medlemmarna
- Att samtliga medlemmar uppfattar gruppens sammanhang som något meningsfullt och givande i sig självt

Min tanke med denna sammanfattning är inte att slå fast någon dogmatik kring männerbundets syfte eller funktion. Hela denna meditation utgör en blandning av mina personliga erfarenheter och de tankar och idéer som jag inhämtat från andra personer och grupper som resonerat i samma banor och termer. Att skapa någon slags handlingsmanual som kan användas mekaniskt av vem som helst, tror inte jag låter sig göras. Men det är viktigt att fundera djupare kring den underliggande struktur som måste byggas upp och underhållas för att en dylik grupp inte skall splittras och falla isär. Det finns självfallet många fler inslag än de som spaltats upp som är viktiga för att en dylik grupp inte skall fragmentiseras och gå sönder, inte minst de riter och symboliska ritualer som är av största betydelse för att gruppen som sådan skall utveckla en säregen identitet och samtidigt, kunna agera självständig bärare av höga ideal och värden. Vidare så tror jag att männerbundets kanske svåraste utmaning, att skapa återväxt och fylla sina led över flera generationer så att den inte förgås som en historisk dagslända, måste beaktas noggrant. Att skapa gemensamma plattformar och kommunikationsvägar för likasinnade tror jag också är betydelsefullt, inte minst för att kunna övervinna den problematik som den geografiska aspekten innebär för alla dem som vill skapa ett livskraftigt männerbund.

Ämnet är ännu något obskyrt för vår samtid, som fortfarande lider av stats- individualismens naivitet och förakt gentemot alla mellanmänskliga organisationer och sammanhang. Troligen finns det lika många idéer om vad ett männerbund/mannaförbund är för något och skulle kunna vara, som det finns faktiskt existerande sammanslutningar. Över tid kommer det visa sig ännu mer vilka inslag som är bra att ha med sig och vilka som är bäst att lämna utanför. Det viktiga är att sätta frågan på dagordningen, att reflektera över dess inneboende problem och inte minst, förstå de oerhörda möjligheter som det faktiskt bär med sig, möjligheter som – om de tas tillvara på ett bra sätt – har potential att stärka vår egen och våra närmastes allmänna livsglädje.

Hårt yttre, mjukt inre

I.

En personlighet som inte fullt ut är stolt, vänlig, introvert, extrovert, driven eller passiv – oavsett vilka adjektiv vi använder – riskerar att falla under benämningen paradoxal. Med det begreppet avses ett förhållande som präglas av inre motsägelser, en relation som inte tycks vara möjlig, ja, som i grunden inte är rationell. En person som betraktas som paradoxal uppfattas ofta som svag eller rentav oärlig. Människor har en tendens att upptäcka avvikelser och reagera på dem – själva begreppet avvikelse indikerar ju ett uppbrott från normaltillståndet. Det betyder att vi har svårt att acceptera paradoxernas existens. Allra helst vill vi att motsägelserna skall försvinna, att de skall upplösas så att vi kan nå fram till större klarhet. En person som uppskattar ensamhet och tystnad, som tycker om att få vara själv med sina egna tankar och drömmar, skulle kunna vara ytterst extrovert i sociala sammanhang och av omgivningen uppfattas som en utåtriktad person. Det betyder inte att personen ifråga det berör måste komma fram till ett *avgörande* – denne kan fortsätta bära med sig sina inre motsägelser, men det är en balansakt som kan sluta i fall när som helst.

II.

Oförmågan att hantera motsägelser/paradoxer, är genomgående i mänsklighetens historia. Kristendomen som historisk företeelse är illustrativ i sammanhanget. Somliga tror inte på Gud då blotta existensen av ondska sägs ogiltigförklara de goda intentionerna bakom skapelsen. Jesus dubbla natur som människa och Guds son accepterades inte heller av många troende i dåtiden – han måste ju ha varit det ena eller det andra – vore han en paradox: Guds son *och* en människa med brister, en temporär varelse av kött och blod. Oförmågan hos många att kunna hålla flera tankar i huvudet samtidigt, har varit ett gissel för mänskligheten. Vi har varit dåliga på att acceptera motsägelser, trots att de alltid ger sig tillkänna, i det ena eller andra sammanhanget.

III.

Vår oförmåga att acceptera det paradoxala ger sig ofta tillkänna i mötet med andra människor. "Oj, jag trodde inte du var intresserad av böcker, så tatuerad som du är! Jag trodde du var en enkelspårig mekaniker"; "jaså, är du intresserad av sport också och inte enbart filosofi?". Vårt utseende tenderar att stå i samklang med våra intressen, men när så inte är fallet uppstår en paradox – åtminstone i en social kontext. Detta kan uppfattas som ett problem för personer som vill ge ett trovärdigt intryck gentemot sin omgivning. Det uppstår ju en brist på social symmetri. Förvisso, det må vara hänt. Å andra sidan uppstår också en lockande spänning genom motsägelserna – man blir nyfiken på att reda ut dem. Detta för oss fram till en personlighetstyp som jag – åtminstone i teorin – tror skulle vara bra för samhället i sin helhet: mannen med *mjukt inre* och *hårt yttre*.

IV.

Är inte denna typ av man en paradox? Jo, i allra högsta grad. Men en värdefull sådan. Dennes inneboende motsägelser ger ett större värde för samhället än alla hyper-stringenta personlighetstyper i världen tillsammans. Genom att balansera sina egna motsägelser blir det möjligt att ge bredd åt den egna personligheten. Att erfara tillvaron i dess helhet blir så mycket lättare för denna typ av man. Ryan Michler, poddaren, författaren och *Order of Mans* skapare, har vunnit stor spridning åt sina idéer just genom att skapa resonans hos många olika typer av män. Och får man männens erkännande för sin mångsidighet, följer det kvinnliga erkännandet snabbt efter. Att skylta publikt med sin mentala styrka och sin fysiska förmåga, samtidigt som man ödmjukt erkänner sin egen ofrånkomliga bräcklighet och den underliggande potential som medföljer den, ger sammantaget en oslagbar kombination för den som vill skapa resonans hos andra människor.

V.

För både män och kvinnor är det viktigt att ge ifrån sig ett bra intryck. Men även om en man ger ifrån sig ett starkt intryck och inger en känsla av att ha både hög status och vara attraktiv i rent fysisk mening, är det inga egenskaper som ensamma ger stadga i tillvaron. Att vara i en längre relation och i ännu högre utsträckning, att skapa en familj tillsammans, är inget som kan göras enkom på gamla meriter. En maskulin man bör ha vissa yttre märkbara egenskaper, som traditionellt betraktas som "hårda", men för att balansera upp detta krävs samtidigt en avslappnad och inbjudande attityd. Det krävs helt enkelt ett *hårt yttre* som kan balanseras mot ett *mjukt inre*.

VI.

Ett hårt yttre: en säker blick, stadig gång och självklara rörelser. Varje enskild yttring av det egna kroppsspråket, bör framträda med största tänkbara självklarhet. Männen ser upp till en sådan man, kvinnorna å sin sida åtrår denne, inte minst tack vare den status som vinns genom de andra männens beundran. Att vara rejäl, i hela sitt kroppsspråk, utan att uppvisa minsta tillstymmelse till tveksamhet, det inger respekt och skapar beundran. Ett hårt yttre ger sällan något utrymme för sentimentalitet eller tveksamhet. Det finns även en händighets-aspekt hos den hårde som tar sig uttryck i praktiskt kunnande av olika slag. Där finns också en fysisk förmåga: den hårde är stark i sig själv och bryter inte ihop efter minsta motgång. Den hårde är, med den amerikanske tradern och riskfilosofen Nicholas Nassim Talebs ord, *antifragil*.

VII.

Vad innebär då att ha ett mjukt inre? Att ständigt gråta över småsaker och vara i kontakt med sina känslor hela tiden? Knappast. Det innebär snarare en smidighet, en förmåga till anpassning, exempelvis i sociala sammanhang. Det uppstår en viss dissonans och förvåning hos andra när de upptäcker att en person med ett hårt yttre också kan vara en person som har ett smidigt socialt sinnelag. Denna förvåning är av det positiva slaget; en känsla av oberäknelighet etableras hos betraktaren, som önskar fortsätta följa och lära sig mer om personen ifråga. En annan aspekt hos mannen med mjukt inre är dennes intellekt och besittande av kreativa färdigheter. Det mjuka i dennes inre tar sig kanske främst uttryck i skapande aktiviteter och kreativa projekt av olika slag.

VIII.

Sammanfattningsvis skulle man kunna säga att ett hårt yttre hör till mannens *barbariska* sida, det basala, instinktiva och urtida, medan dennes mjuka inre hör till en mer *civiliserad* sida, som präglas av harmoni, ordning och kreativitet. Den man som lyckas kombinera dessa inneboende aspekter blir en slags kreativ barbar, eller snarare – en civiliserad hårding. Detta är det mest balanserade manliga idealet vi kan lyfta fram i vår omvälvande tid, där närapå allt – inklusive mannens traditionella roll – är under upplösning. För att motverka upplösningen behöver lockande ideal ställas upp, som, även när de är långtifrån att bli uppfyllda, likväl bidrar till att stärka de som låter sig vägledas av dem, oavsett i vilken omfattning som de eftersträvas. Ideal-mannen är en paradox, rentav en tankemässig chimär – men en högst nödvändig sådan.

I skuggan av Apophis

I.

Människorna myllrar på jorden, i likhet med de otaliga myrorna i stacken. Våra bestyr är iögonfallande, men likväl obetydliga – åtminstone sett från en högre utsiktspunkt. Ovanför våra huvuden lurar en stor fara, som vi inte ens hade varit varse utan avancerade tekniska hjälpmedel. Teknologin är bitterljuv, den ger oss vetskap som gör oss olyckliga. "Ignorance is bliss", är ju en gammal erövrad sanning. Om människan hade levt som resten av djurriket hade allt varit mycket enklare. Samtidigt hade kulturen, det som framförallt särskiljer människan från djuren, inte funnits. Att måna om kulturen är att måna om det mänskliga, det som definierar människan i slutändan. Tekniken hör också dit, men den är farlig i grunden, användningen av den spårar snabbt ur och vänds emot själva kulturen – den blir *anti-kulturell*. Tekniken är närmare bestämt ett barn av kulturen, som antingen går i förälderns ledband, eller bryter sig loss och trotsar sin förälder för att finna egna ändamål och syften i tillvaron.

II.

Teknikens utveckling har underlättat kunskapsinhämtningen. Inget illustrerar detta bättre än den digitala revolutionen och informationserans ankomst. Vad datoriseringen ytterst sett handlar om är att underlätta och utveckla informationsbearbetning. IT utgör en förkortning för informationsteknologi och det är den teknologiska funktionaliteten att hantera information som ständigt utvecklas. Det är därför som vi vet mycket mer idag än vi gjorde för hundra år sedan – och samma anledning till att vi vet astronomiskt mycket mer än vad våra förfäder gjorde för 10.000 år sedan. Trots vår ur ett historiskt perspektiv oöverträffade tillgång till information, ställs vi inför samma ofrånkomliga problem som våra förfäder gjorde: hur vi skall hantera informationen och hur vi agerar på den. Detta gäller alla aktiviteter som inryms i människans tillvaro. Det gäller också de övergripande existentiella villkor som ligger till grund för vår fysiska existens. Innan vi går in mer konkret och detaljerat på vad som avses med detta, är det meningsfullt att kort och koncist avhandla människans relation till döden.

III.

När vi är riktigt små och oerfarna på livet känner vi inte till döden som vare sig koncept eller begrepp. Först när vi är 3-4 år gamla förstår de flesta av oss att döden är irreversibel – somliga inser det ännu senare. Detta utgör vår allra viktigaste och samtidigt mest tragiska insikt: oaktat våra ansträngningar, oavsett hur vi tar hand om vår hälsa, om vi lever farligt eller säkert, om vi lyckas med våra mål eller inte, så kommer vi ändå att dö i slutändan. Ur det perspektivet är livet i sig självt absurt

– vi lever och därför kommer vi också en dag att dö. Det som aldrig levt, kan heller aldrig dö. Det kan tyckas banalt att konstatera detta enkla faktum. Men sanningen är att de flesta människor ogärna vill befatta sig med detta om de inte är absolut tvungna. Döden sätts av många på undantag och projiceras in i en lika avlägsen som dunkel framtid. Även vår populärkultur är obenägen att behandla döden som tema. Jämför med renässans- och barockeran under 1500-1600-talen, där döden var ständigt närvarande. Förvisso kunde den schweiziske målaren Arnold Böcklin, som var aktiv i modern tid, befatta sig med döden i sin konst, bland annat i ett berömt självporträtt och även Pablo Picasso i dennes Guernika, om än där på ett mer abstrakt sätt. Men den övergripande inställningen till döden har sett annorlunda ut, åtminstone på konstens område.

IV.

Om vi istället blickar mot filosofins och psykologins områden, ser det väsentligen annorlunda ut. Döden som filosofiskt problem har behandlats utförligt av Hartmann, Goya, Freud och Becker, för att nämna några exempel. I denna skara sticker (Ernest) Becker ut med sin ökända bok *The Denial of Death*. Där avhandlas dödens metafysik, utifrån ett djup-psykologiserande perspektiv. Becker menar att människan har två Jag: ett *konceptuellt* och ett *fysiskt*. Vårt fysiska jag har en begränsad längd på jorden och upphör när kroppen dör. Vårt konceptuella jag, å andra sidan, har potentialen att leva vidare; när vi firar Shakespeare idag är det dennes konceptuella jag som står i förgrunden, likaså när vi beundrar Leonardo da Vincis eller Michelangelos konstverk; när vi bedömer Genghis Khans, Adolf Hitlers och Josef Stalins gärningar, är det deras konceptuella jag som står i fokus.

V.

Det konceptuella jaget lever vidare bortom vår fysiska existens. Detta utgör dess huvudsakliga värde – till den grad att många försakar sitt fysiska jags välgång för att realisera sitt konceptuella jags målsättningar. Men lever det konceptuella jaget verkligen vidare? Bevisligen under ett givet tidsspann – men i förhållande till evigheten? Knappast. Om vårt fysiska jag inte lever vidare (annat än i begränsad form genom våra ättlingar) och inte heller vårt konceptuella jag gör det, varför ska vi då anstränga oss för evighetens skull? Vad betyder heder, ära och ryktbarhet egentligen, när även dessa begrepp är villkorade mot andra människors minnen och intressen? Det är frågor som är svåra att besvara, något facit finns inte.

VI.

De flesta människor tänker inte på morgondagen. Det finns de som knappt lever bortom stunden, åtminstone inbillar de sig det själva. Dessa personer får huvudvärk när de börjar grubbla över framtida ting och väljer hellre att försöka leva efter den gamla romerska devisen, *carpe diem*. Det låter ju förvisso tämligen bekymmerfritt att leva för dagen, fånga nuet, etcetera, men framtiden kommer ändå – vare sig vi vill eller inte. Samma framtid har potential att bli fantastisk eller katastrofal – men för de flesta blir den bara medioker. Det finns ingen naturlag som säger att allt måste bli bättre eller sämre. Framtiden blir vad vi gör den till, varken mer eller mindre. Det kan dock konstateras att mänskligheten, ju äldre den blir, ökar chansen att förstöra sin egen framtid. Likaledes ökar chansen att någon naturlig katastrof kommer att drabba oss obönhörligt. Exempelvis kan klimatförändringar tvinga oss till ödesdigra anpassningar. Även hot från yttre rymden, som oftast känns så abstrakta, kan visa sig vara det som slutgiltigt utplånar oss. Just den sistnämnda teoretiska omständigheten har inspirerat denna essä, som syftar till att utreda vad ett sådant hot egentligen innebär – i metafysisk, psykologisk och existentiell bemärkelse.

VII.

För flera år sedan, närmare bestämt 2004, blev det stor uppståndelse i media kring att en stor asteroid – som namngavs efter den egyptiska dödsguden Apophis – hade en 2,7 procents chans att träffa Jorden 2029. Storleken på asteroiden innebar att den hade potential att vara en så kallad "Planet killer", med potential att radera ut hela mänskligheten. Genast började olika potentiella lösningar på problemet att dryftas. Den populärkulturellt hugade kände genast igen scenariot från filmen Armageddon, där Bruce Willis med flera värvas av NASA för att åka upp till den hotande asteroiden, borra ett hål, plantera en atombomb och sedan spränga den för att avvärja hotet – ett högst fantasifullt scenario. När oron över asteroiden var som störst, argumenterades det för att riktade kärnstridsspetsar skulle kunna få den att ändra färdriktning, bort från Jorden. Detta kvarstår alltjämt som en möjlig lösning på framtida scenarion av samma hot. Efter att extra uträkningar gällande Apophis genomförts, kom NASA fram till att det mer eller mindre är uteslutet att asteroiden skall träffa Jorden 2029. Trots detta har själva hotet som sådant likväl haft kännbara effekter på många, inte minst på det psykologiska planet.

VIII.

Det är en hisnande, absurd tanke: att allt som människan åstadkommit under sin relativt långa historia förr eller senare skall raderas ut av en stor sten från yttre rymden. På vilket sätt skulle då våra historiska ansträngningar vara meningsfulla, om allt ändå kommer att raderas ut någon gång i framtiden? Frågan är inte så svår att besvara som det instinktivt kan tyckas. Med samma logik skulle varje människoliv vara meningslöst då vi ändå alla skall dö, förr eller senare. Alla våra ansträngningar vore futila, ingen handling skulle ha betydelse överhuvudtaget. Men de flesta människor tänker inte så. Döden stöter vi gärna ifrån oss och projicerar in mot framtiden. För de allra flesta kommer den plötsligt. Ytterst få av oss får veta vilken tidpunkt vi skall dö (inte ens dödsdömda brottslingar har den lyxen – eller besväret, hur man nu ser på saken – då verkställandet av deras dödsdomar ofta skjuts upp på grund av juridiska teknikaliteter). Trots vår vetskap om dödens oundviklighet, uppskattar de flesta av oss ändå livet, liksom dess begränsningar. Ja, det skulle rentav kunna påstås att det är döden som ger mening åt livet, genom att verka som dess faktiska, diametrala motsats.

IX.

I skuggan av Apophis måste vi försöka förhålla oss till livet här och nu. Vad är egentligen våra ansträngningar värda, om det som dem resulterar i ändå kommer att försvinna en dag? Hur kan lyckan över att skaffa barn hållas intakt med vetskapen om att våra ättlingar, någon gång i framtiden, kommer att utplånas? Är detta måhända alltför obehagliga tankar, som inte borde väckas? För somliga, kanske. Men när det kommer till att möta livets svåraste gåtor, är det bäst att ta sig an de klurigaste först. Insikten om den framtida förintelsen av hela mänskligheten är troligen den svåraste men också den som är mest av relevans för människan själv. Leonardo da Vincis målningar, Goethes litterära verk, Roms ruiner, världens jättestäder, med alla dess myllrande individer, upptagna av sina små egenheter, strävandes efter lycka och ro, kastande sig från den ena viljeakten till den andra – alltsammans skall en dag komma att upphöra. Men livets mening står inte att finna i framtida göranden och låtanden. Det är här och nu som meningen behövs – inte i en dunkel, oförutsägbar framtid. Att finna en livsmening handlar om att skaffa sig en stödjepunkt i nuet – för i framtiden kan vi inte veta hur våra behov ser ut eller vad som ytterst sett ger oss mening. *Nota bene*: spädbarnets mening är inte barnets och tonåringens livsmening är inte den vuxnes. I takt med livets naturliga utbredning, förändras också vår livsmening. På en aggregerad, högkulturell nivå, kommer människan aldrig att klara av att befatta sig med permanenta livsmeningar. En rad historiska försök har förvisso gjorts på det området, inte minst genom de stora monoteistiska religionerna, men det vakuum som deras frånfälle i den moderna civilisationen lämnat efter sig, kommer att behöva fyllas ut med andra sanningar. Frågan är: *vilka är dessa sanningar?*

Sociala idisslare

I.

Under en vandring i Brunnsparken för några år sedan såg jag en hemlös man som tappat byxorna. Eller rättare sagt: han hade slängt den trasiga ursäkt till byxor som han haft, troligtvis i frustration över att ständigt behöva laga dem. Det var en uppgiven människa, som hade fått nog av tillvarons påfrestningar. Han skrek ut sin förtvivlan över hela Brunnsparken, så att varenda förbipasserande kunde se och höra honom. Jag kände stor empati med honom. Alla dessa blickar! Hur plågsamt måste det inte ha varit att utsättas för de otaliga människornas sensationslystna blickar? Jag kände verkligen med honom. Men det var inte första gången jag erfarit något liknande. Tyvärr.

II.

Jag har alltid varit fascinerad av människor som bara kan sitta på en parkbänk, stå vid ett hörn, eller bara planlöst driva omkring, likt idisslare. De är inte på väg någonstans, de har inget mål i sin blick, ingen *riktning*. De styrs snarare av det sensationella. Plötsligt händer det något – en polisbil stannar till, någon skriker, någon snubblar på en gatsten, ett demonstrationståg breder ut sig, en man skriker över Brunnsparken – och alla idisslare stannar till och glor. Något har brutit deras planlöshet, gjort den *fokuserad*. Att hamna i fokus för idisslarnas blickar är ingen höjdare. Det förhåller sig heller inte så enkelt att de bara huserar i staden. De finns tyvärr över allt: på landsbygden, i idrottshallen, vid centralstationen och på busshållplatsen; överallt där det finns människor, återfinns också idisslaren som personlighetstyp.

III.

Man kan tycka det är mänskligt att reagera över saker och ting som sker framför ens ögon – särskilt när det relaterar till andra människor. Och det är det, förvisso. Men våra sinnen kan också bli överhettade. De kan utsättas för så många intryck att vi inte kan sortera bland dem. Vi kan inte engagera oss och bry oss om precis allt som händer runtomkring oss. Vi blir tvingade till att *urskilja*. Utan förmågan att göra urskiljningar, blir vi fattigare som människor. Hur skall vi veta vad som är genuint och betydelsefullt när vi säger oss värdera allt och alla lika mycket? Den inställningen klingar falskt. Det är tabu att konstatera det i dagens samhälle, men det behöver sägas.

IV.

Är man en person som har planer, som vill ta sig någonstans i livet och som äger *riktning* av något slag, finns det inget utrymme för att stanna upp och idissla inför spektakulära vardagshändelser. Endast icke-driftiga människor utan individuell strävan har tid för sådant. Då människan i grunden är ett flockdjur, är det emellertid svårt att själv värja sig mot sådana händelser när de väl inträffar. Det är lätt att ryckas med och förr eller senare står man själv där och glor tillsammans med de andra idisslarna. Det är en svår konst att förhålla sig likgiltig till den typen av situationer, men det är den mest konstruktiva inställningen att ha i sammanhanget. Dessutom: om vi själva stod i centrum för idisslarnas blickar – skulle vi uppskatta det?

V.

Det är en tidlös moraliskt poäng som hämtas från alla möjliga slags kulturella sammanhang och filosofiska läror: att vi inte bör utsätta andra för sådant som vi själva inte vill utsättas för. Det kräver emellertid en viss föreställningsförmåga för att ta till sig en sådan insikt, även hos en medel-begåvad person. Det är alltid svårt att ställa sig utanför sig själv och sina egna förutfattade meningar när vi betraktar vår tillvaro. Somliga skulle argumentera för att det inte ens är möjligt. För egen del vill jag nog ändå påstå att en sådan föreställningsförmåga, om den finns hos personen ifråga, bidrar till att förhindra socialt idisslande i viss mån. Likväl är detta en epidemisk form av dumhet som grasserar i samtiden, särskilt med tanke på hur lätt det är nuförtiden att dokumentera den typen av spektakel i våra mobiltelefoner. Idisslarna har fått sina drömverktyg, de dokumenterar för sin egen skull, utan någon direkt anledning, mest för att det ger stimuli, för att det är kul och för att vinna likes på sociala medier.

VI.

Jag ser inget slut på det sociala idisslandet under den närmsta tiden. Det har varit skönt att under Covid-19-pandemin slippa större folksamlingar på gator och torg. Många har varit tvungna att tänka till innan de gör det ena eller det andra. Men nu när pandemin har ebbat ut för stunden, flockas idisslarna på nytt. Kanske utgör de sammantaget ett marginellt problem, kanske utgör de inget problem alls för dem flesta – men de stör mig. Jag kunde ha haft viss fördragsamhet med dessa personer om de i likhet med andra idisslare faktiskt hade bidragit med något produktivt när de står och idisslar, men när så inte är fallet, vill jag konkludera denna observation med ett ensidigt fördömande av deras existens.

Kaos är en stege

I.

Karriärslysten? Maktgalen? Ambitiös? Vilket epitet som än klistras på Game of Thrones-karaktären Petyr Baelish, framstår som otillräckligt för att fånga hans klassiska citat från monologen med den nyckfulle Lord Varys i avsnittet "The Climb" från säsong tre:

"Chaos isn't a pit. Chaos is a ladder. Many who try to climb it fail and never get to try it again. The fall breaks them. And some are given a chance to climb. They refuse. They cling to the realm or the gods or love. Illusions. Only the ladder is real. The climb is all there is."

Citatet fångar inte alls intensiteten i scenen från serien, som utgör en avvikelse från böckerna (för en gångs skull en positiv och trovärdig sådan). Men det säger allt om vad Game of Thrones handlar om. Det kan argumenteras för att det säger allt om människan som varelse över huvudtaget, vad hon ytterst i alla sammanhang syftar till: att avancera och breda ut sin egen makt. Det spelar ingen roll var vi befinner oss, huruvida vi har ett relativt bra liv eller inte. Vi vill alltid fortsätta klättra uppåt på stegen.

II.

Försök att övertyga någon människa om att de inte vill ha en större kontroll över sin egen tillvaro. Ingen ärlig människa skulle ge avkall på sin vilja, om det inte vore för ett religiöst eller idealistiskt ändamål av något slag (som i och för sig också präglas av vår viljekraft – buddhister eftersträvar Nirvana, de kristna evigt liv i himlen, med mera). Att vilja är att sträva i enlighet med sina föresatser, oavsett underliggande motiv. Viljekraften är del av vår djuriska natur men har också en andlig, metafysisk sida. Viljan har, precis som alla andra mänskliga uttryck, en högre sida, liksom en lägre. Att släcka sin törst är ett basalt uttryck för viljans krav – att nå framgång och lyckas med en högre målsättning av något slag, är ett annat uttryck för viljans behov av att uppnå tillfredsställelse.

III.

Friedrich Nietzsche filosoferade över *viljan till makt*, en tankegång som syftar till att förklara det mänskliga, ja, det biologiska handlandet överhuvudtaget. Hans ambition var ursprungligen att bygga ett omfattande filosofiskt system som skulle redogöra för hans tankar kring detta, men det hela stannade vid en spretig, förvisso omfattande aforism- och sentensapparat. Trots att verket som sådant aldrig blev färdigställt, är det ofta just begreppet *vilja till makt* som förknippas med Nietzsche och hans filosofi. Man behöver inte vara särskilt filosofiskt bevandrad för att ryckas med i begreppets kraftfulla metafysiska implikationer. Det finns emellertid en stor risk att termen profaneras och blir ett slött modeord, som används i alla tänkbara olämpliga sammanhang. Ett öde som drabbar alla lättfattliga idéer är missförstånd; man tror att idén kan begripas utan svårigheter, när den i själva verket är mer mångfacetterad än vad man tror. Nietzsches *vilja till makt* förstås intuitivt, men dess underliggande innebörd förblir dunkelt.

IV.

Vad innebär makt, egentligen? Det handlar ytterst sett om att ha större kontroll över tillvaron, inklusive över andra personer och varelser som ingår i den. Möjligheten att styra över andra innebär samtidigt att ge sin egen vilja primat över andras viljor. Den som besitter makt är därmed en beslutsfattare, av stort eller mindre format, i viktiga eller oviktiga sammanhang. Den som innehar makt bestämmer färdriktningen, oavsett sammanhang. Det är lätt att relatera resonemanget till någon som syftar till att göra karriär till varje pris. I materiell mening anses mer pengar utgöra mer makt, vilket är anledningen till att många ständigt söker efter nya och högre avlönade tjänster, bara för att kunna klättra ytterligare i statushierarkin. Viljan att successivt öka kontrollen över sina yttre omständigheter, är en gemensam drivkraft för alla människor.

V.

Något som verkar vara vanligt är att den eller de som utövar makt, sällan själva är särskilt behärskade som personligheter. De har kontroll över andra, men inte över sig själva. De projicerar sin egen maktlöshet utåt, ja, *maskerar* den, genom att utöva makt över andra. Den som har kontroll över andra framstår som mäktig, alldeles oavsett om detta egentligen fungerar som ett hölje för den egna maktlösheten eller inte. Människan uppfattar nästan alltid det som är ytligt och givet som det som är dominant och glömmer lätt bort det som vilar under ytan, det som ögat inte ser. Av samma skäl förmår vi inte att genomskåda de mäktiga personernas underliggande brister.

VI.

Det är flärden, ytterligheterna, de materiella förtjänsterna, som lockar nästan alla människor. Även ett stort antal av idealisterna trånar efter det materiella, om inte annat för att finna balans åt sin personlighet – idealism har ju dessvärre en tendens att tynga ner mer än vad den förhöjer. I varje materialist vilar inombords ett anlag för idealism och vice versa. Många vill inte kännas vid denna latenta kluvenhet, men den finns där. Därför kommer den som säger sig vara nöjd med sin lott i livet att, om omständigheterna möjliggör det, vilja ha ännu mer och vara beredd till att offra det faktiska nuet för en potentiell framtid. Detta är sällan särskilt genomtänkt, men så är heller inte vår vilja särskilt rationell.

VII.

Jag har tänkt igenom Baelish-citatet många gånger. Varje gång jag tror mig ha kommit fram till exakt de mål jag vill uppfylla i mitt liv, har någon omständighet drabbat mig som fått mig att prioritera om. Ett mål kunde vara: "skriv fem böcker i ditt liv, så kan du ta dagen som den kommer därefter"; "res till 40 länder totalt, så behöver du inte åka till fler länder sedan"; "skaffa fru och barn, så kommer du aldrig att känna dig ensam eller missnöjd längre". Detta är illusioner, som Baelish konstaterar. Att få kontroll över sin tillvaro, att skaffa sig makt, handlar inte om att uppnå statiska tillstånd som vi postulerat i en förfluten dåtid. Makten är något dynamiskt i sig, likaså vår strävan efter att erövra den. Vår jakt efter makt upphör aldrig.

VIII.

"Only the ladder is real. The climb is all there is". Baelish-Citatet skulle kunna appliceras på människans gärningar överhuvudtaget. Allt som vi gör, allt vi strävar efter i livet, är ytterst sett en chimär. Det vi tror oss uppnå och som vi inbillar oss får ett värde bortom tid och rum, har egentligen endast ett värde för oss själva, här och nu. Framgångens frukter varar länge, men inte för evigt. Vi måste hela tiden sträva vidare, antingen för att förstärka den maktposition som vi redan har, eller för att skaffa en position överhuvudtaget. Det finns ingen tid att vila på sina lagrar – den som gör det blir omsprungen av andra och lämnas i bakvattnet av de som är ännu mer ambitiösa och makthungriga. Det är inte vart stegen leder någonstans som är det avgörande. Det som är av betydelse är att vi fortsätter klättra på den – alltid med den underliggande risken att vi kan falla ner.

Eros och Thanatos: livets kamp mot döden

Eros, all alstrings upphov, har sedan tidernas begynnelse fört en kamp mot Thanatos, Nattens (Nyx) son – *dödens* gud. I psykologisk bemärkelse är Thanatos den som uppmanar till självdestruktivitet eller till destruktivitet gentemot andra. Livsprincipen och dödsdriften utgör de extrema poler som allt organiskt liv måste inrätta sig efter. Allt som fötts kommer förr eller senare att dö, från det att livets resa börjar stegras successivt vår medvetenhet om det kommande ofrånkomliga slutet. Livet och döden är två delar av samma stora helhet, det ena får sitt värde genom det andra. Eros är *löfte* - Thanatos är *garanti* (jämför den klassiska maximen *mors certs hora incerta*); Eros är ungdom och potential – Thanatos är ålderdom och det aktualiserade/faktiska; Eros medför längtan – Thanatos medför ångest. Emellan dessa motpoler utspelar sig det mänskliga livet, liksom det organiska livet överhuvudtaget.

Ludwig Klages tankar om Eros

En tänkare som visste med sig att använda Eros symbolik för att ge vitalisering åt sina egna idéer, var den tyske filosofen Ludwig Klages (1872-1956). Klages var definitivt en anti-modernist i det att han såg moderniteten som en antipod till Eros, som i en mer profan mening är det som är livgivande i tillvaron. Människans liv hade varit mer i samklang med naturen tidigare, men det bör i sammanhanget påtalas att Klages inte ville återupprätta någon förment förlorad guldålder för att råda bot på problemet. Trots sin djupa idealism var han också en realistiskt sinnad man, som förstod Eros-Thanatos som en tidlös motsättning. Signifikant för Klages var förvisso hans värdering av det hedniska över det kristna; i förhållande till Eros stod kristendomen inte lika nära som hedendomen (Eros var, icke att förglömma, en hednisk gudom i den antika grekiska mytologin). Kristendomen har historiskt sett inneburit själens (*seele*) urvattning genom andens (*geist*) utbredning, hävdar Klages. Det kan synas motsägelsefullt, särskilt med tanke på hur ofta begreppet själ brukas inom kristendomen. Klages själs-begrepp är emellertid mycket mer omfattande och komplext än vad som vanligen förstås med begreppet själ. Allt som har själ är förbundet med Eros, medan det som är knutet till anden ligger Thanatos närmare. Det bör förtydligas att Thanatos inte omnämns hos Klages särskilt ofta och inte heller riktigt i den mening som här avses, men det är tydligt att hans *geist*-begrepp är negativt i förhållande till Eros, varvid vi kan tillåta oss att likställa Thanatos med anden. För att parafrasera Klages: Thanatos är Eros vedersakare.

Sigmund Freud och Thanatos

Människan har en grundläggande drift till att vara destruktiv, antingen mot sig själv eller andra. Den senare instinkten benämndes av Sigmund Freud (1856-1939) med flera *destrudo*, och har bland annat tagit sig uttryck i diverse krig, folkmord och andra mellanmänskliga nesligheter. Det går förstås att spekulera i hur mycket den här driften hänger ihop med vår lika grundläggande drift att bemäktiga oss tillvaron, breda ut vårt inflytande och föröka oss – kanske hänger förstörelsebegäret ihop med viljan till ökad makt och kraft i tillvaron. På ett mer metafysiskt plan kan dödsdriften förstås som ett uttryck för en mer allmän livsleda. Om det inte längre finns något särskilt som lockar med livet, om det upplevs vara tömt på möjligheter, synes döden vara det som befriar oss från ledan. Detta är en tanke som även Arthur Schopenhauer framhävde i sin filosofi: att vår vilja, oavsett uttrycksform, kommer att bli desillusionerad när den väl blivit tillfredsställd och genast upprätta nya målsättningar, andra vilje-önskemål. Dödsdriften kan alltså riktas inåt och leda till självförstörelse. Men den kan också vändas mot andra, vilket därmed bidrar till att förlänga det egna Jagets fortvaro. Att vända dödsdriften mot andra skall inte misstas för någon slags perverterad form av livsglädje, exempelvis att finna glädje i andras lidande. Det betyder snarare att dödsdriften riktas bort från det egna jaget – åtminstone för en tid. Så fort det andra subjektet är förgjort, kommer den underliggande dödsdriften att åter anta självdestruktiva former. Det viktiga att uppmärksamma i sammanhanget är Thanatos ständiga närvaro; i den mån som vår inre Eros är svag, kommer Thanatos att ta plats istället – och när väl dödsdriften vunnit hegemoni över vår vakenhet, är det svårt att återställa Eros inflytande.

En kamp utan slut

Allt liv slutar med döden – det är ett biologiskt faktum. Men som bland annat den amerikanske psykologen Ernest Becker poängterar, så har åtminstone människan också ett *konceptuellt* jag, som för henne ter sig minst lika betydelsefullt som hennes biologiska jag. I detta konceptuella jag ter sig föreställningen att lämna efter sig ett arv av något slag som en ytterst drivande kraft. I extremfallen bekymrar sig vissa personer sig mer över att lämna efter ett gott eftermäle, än att bejaka sitt fysiska jag i det faktiska nuet. För en författare kan det röra sig om ett urskiljbart kall som handlar om att bli erkänd för sina skrifter, till varje pris; för en annan person kan det handla om att bestiga jordens högsta berg på så kort tid som möjligt; för ytterligare andra kan det handla om att karriärs-klättra så högt som möjligt. Det finns ingen yttre gräns för det konceptuella jagets möjligheter – eller *omöjligheter*. Det konceptuella jaget kan såväl bidra till ett bejakande av livet som till ett negerande av detsamma. Det beror på omständigheterna. Det allra bästa är när det fysiska jagets välgång står i samklang med det konceptuella jagets prestige. Den stora skillnaden består i att det fysiska jagets drivkraft är Eros och det konceptuella jagets är Thanatos. Livet har sina krassa biologiska fordringar och vår vetskap om döden inspirerar oss till att skapa något som sträcker sig bortom det fysiska livets begränsningar. Eros och Thanatos står bådadera i en relation till människans grundläggande belägenhet i tillvaron – det handlar, ytterst sett, om en kamp som aldrig tar slut.

Avslutning

Alla våra ansträngningar ter sig meningslösa ur evighetens perspektiv. Någon gång kommer solen att slockna, likaledes är det inte uteslutet att universum så som vi känner det, kommer att upphöra helt – åtminstone är det sannolikt att det inte kommer att husera organiska varelser för evigt. Det kan emellertid heller inte uteslutas att livet på något sätt fortsätter ändå. Ingen vet med säkerhet någonting – och det är just denna osäkerhet som orsakar oss sådan anspänning och förtvivlan inför livets varande eller icke-varande. Det finns ingen omväg, inget alternativ som gör att vi undgår livets svåraste prövningar. Den spänning som ständigt finns mellan livet och döden får sin definitiva upplösning först med dödens absoluta triumf. För det skall inte råda någon tvekan om den saken: döden vinner alltid i slutändan, även om dess absoluta seger över all organisk materia lär vänta på sig i åtskilliga miljontals, ja, kanske i flera miljarder år. Detta förtar inte värdet av att framhäva Eros; att bejaka livet är att bejaka det tragiska, det som är livgivande, men som förr eller senare *måste* gå under. Att uppskatta det tragiska är inte att uppskatta det tröstefulla – det är snarare att uppskatta det som är skönt och vackert. Skönheten som sådan står bortom gott och ont, den vilar på sina egna fundament. Sådant är livet i sin helhet, sådan är den eviga kampen mellan Eros och Thanatos.